Expresiones en matemáticas

Haz la tarea y recuerda • Volumen 2

Desarrollado por
The Children's Math Worlds Research Project

DIRECTORA DEL PROYECTO Y AUTORA
Dr. Karen C. Fuson

This material is based upon work supported by the
National Science Foundation
under Grant Numbers
ESI-9816320, REC-9806020, and RED-935373.

Any opinions, findings, and conclusions, or recommendations expressed in this material are those of the author and do not necessarily reflect the views of the National Science Foundation.

Revisores

Kindergarten
Patricia Stroh Sugiyama
Wilmette, Illinois

Barbara Wahle
Evanston, Illinois

Grade 1
Sandra Budson
Newton, Massachusetts

Janet Pecci
Chicago, Illinois

Megan Rees
Chicago, Illinois

Grade 2
Molly Dunn
Danvers, Massachusetts

Agnes Lesnick
Hillside, Illinois

Rita Soto
Chicago, Illinois

Grade 3
Jane Curran
Honesdale, Pennsylvania

Sandra Tucker
Chicago, Illinois

Grade 4
Sara Stoneberg Llibre
Chicago, Illinois

Sheri Roedel
Chicago, Illinois

Grade 5
Todd Atler
Chicago, Illinois

Leah Barry
Norfolk, Massachusetts

Reconocimientos

(t) © Charles Cormany/Workbook Stock/Jupiter Images

llustrative art: Robin Boyer/Deborah Wolfe, LTD; Geoff Smith, Tim Johnson
Technical art: Nesbitt Graphics, Inc.
Photos: Nesbitt Graphics, Inc.

Printed in the U.S.A.

ISBN: 978-0-547-38890-8

4 5 6 7 8 0928 15 14 13 12 11

4500342217

 Nombre

Haz la tarea

	Dibuja una diagonal.	Dibuja la otra diagonal.	Dibuja ambas diagonales.
1.			
2.			
3.			
4.			

5. **En la siguiente página** Halla un objeto de tu casa que sea un cuadrilátero y usa una regla para dibujarlo. Dibuja dos diagonales. ¿Qué figuras formaste cuando dibujaste las dos diagonales?

Nombre

8–2 Nombre ____________________

Haz la tarea

Usa estimaciones para hallar los puntos medios.

	Conecta los puntos medios de dos lados opuestos.	Conecta los puntos medios de los otros dos lados.	Dibuja los dos segmentos.
1.			
2.			
3.			

4. **En la siguiente página** Busca en tu casa un objeto con la forma de un cuadrilátero.

- Usa una regla de centímetros para dibujar el objeto.
- Estima la posición del punto medio en cada lado.
- Conecta los puntos medios de dos lados opuestos.
- Describe las figuras que ves.

Nombre

Nombre ______

Haz la tarea

	Dibuja una diagonal.	Dibuja la otra diagonal.	Dibuja las dos diagonales.
1.			
2.	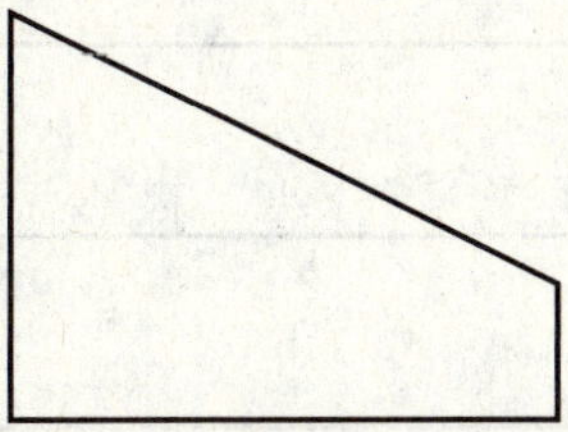	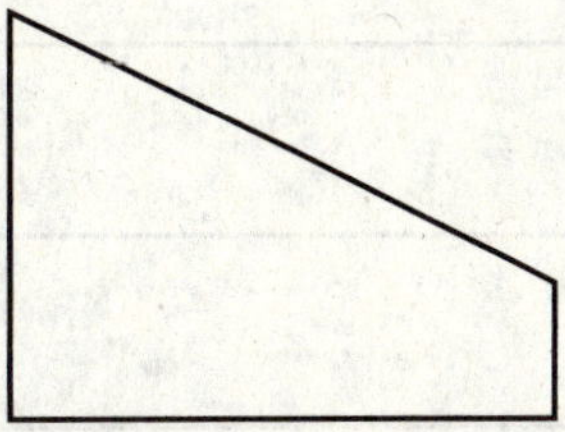	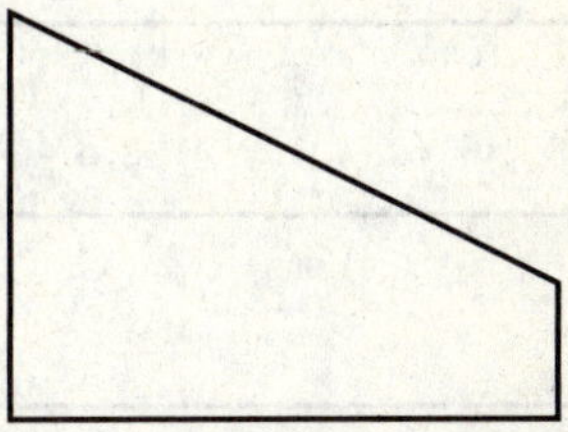

Usa estimaciones para hallar los puntos medios.

	Conecta los puntos medios de dos lados opuestos.	Conecta los puntos medios de los otros dos lados.	Dibuja los dos segmentos.
3.			
4.	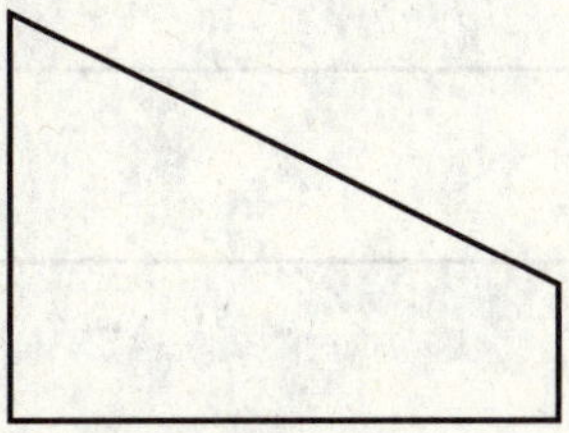	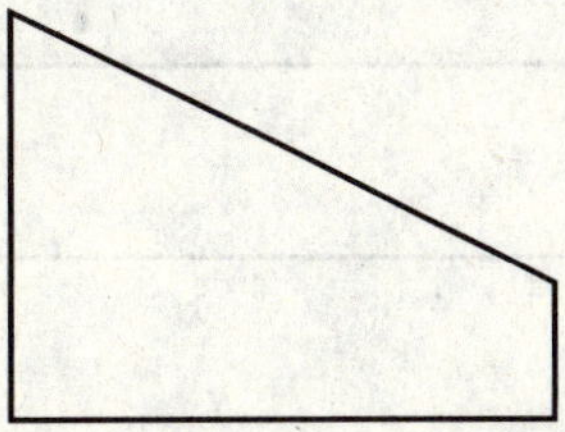	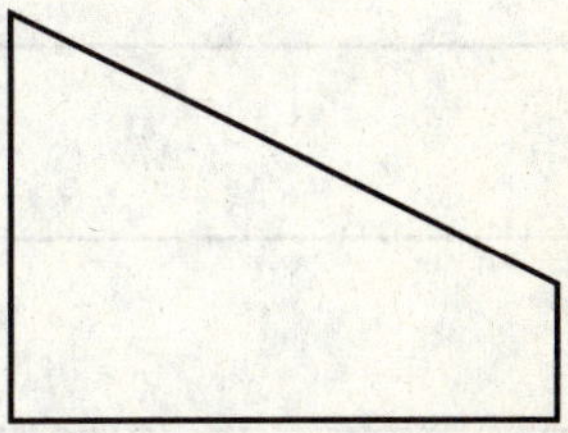

5. En la siguiente página Para cada una de las figuras anteriores, di qué figuras nuevas hiciste.

Nombre

Nombre ______________________

Haz la tarea

Dibuja monedas para mostrar 6 diferentes maneras de formar 25¢ con monedas de 1 centavo, monedas de 5 centavos y/ó 10 centavos.

1. 25¢	2. 25¢	3. 25¢
4. 25¢	5. 25¢	6. 25¢

Escribe cómo contar el dinero.

7.        

25¢ 50¢ ____ ____ ____ ____ ____ ____ ____

8.       

25¢ 50¢ ____ ____ ____ ____ ____

Nombre

Practica

Usa la gráfica de barras para responder las siguientes preguntas. Escribe tus respuestas en las casillas. Encierra en un círculo *más* o *menos*.

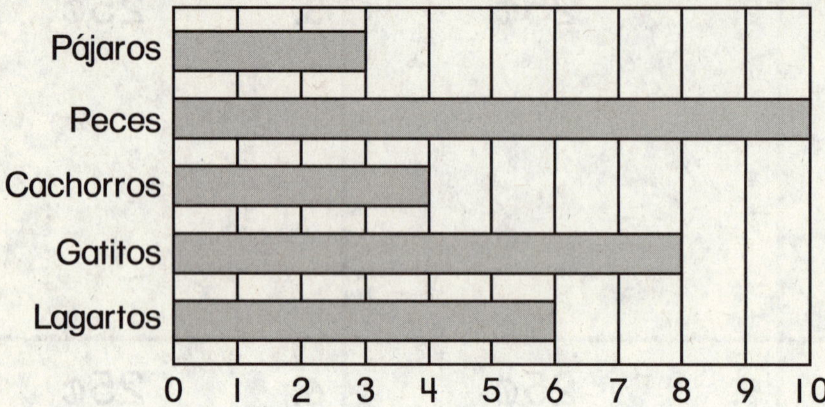

1. Hay ☐ pájaros *más* *menos* que lagartos en la tienda de mascotas.

2. Hay ☐ cachorros *más* *menos* que gatitos en la tienda de mascotas.

3. Hay ☐ peces *más* *menos* que pájaros en la tienda de mascotas.

4. Hay ☐ lagartos *más* *menos* que gatitos en la tienda de mascotas.

5. Hay ☐ cachorros *más* *menos* que peces en la tienda de mascotas.

6. Hay *más* *menos* peces que pájaros y lagartos combinados.

7. En total hay ☐ cachorros y gatitos.

Haz la tarea

Dibuja monedas para mostrar 6 diferentes maneras de formar $1.00. Usa monedas de 1 centavo, monedas de 5 centavos, monedas de 10 centavos y/ó 25 centavos.

1. $1.00	2. $1.00
3. $1.00	4. $1.00
5. $1.00	6. $1.00

 Nombre ____________________

Recuerda

Completa la secuencia numérica. Escribe la regla.

1. 75, 69, 63, ______, ______, ______ Regla: n ______

2. 34, 41, 48, ______, ______, ______ Regla: n ______

Suma.

3. 100 + 71 = ______ 6 + 100 = ______

10 + 71 = ______ 6 + 10 = ______

1 + 71 = ______ 6 + 1 = ______

Suma.

4. 73 + 30

5. 64 + 99

6. 26 + 58

Resuelve el problema. **Muestra tu trabajo.**

7. El señor Green trabajó 57 horas en la tienda la semana pasada. La señora Green trabajó el mismo número de horas. ¿Cuántas horas trabajaron en total?

 ____________________
rótulo

8. **Geometría** Dibuja una diagonal.

 Nombre ______________________

Haz la tarea

Resuelve los problemas. Vuelve a escribir 100 o haz un dibujo. Suma para comprobar tu respuesta.

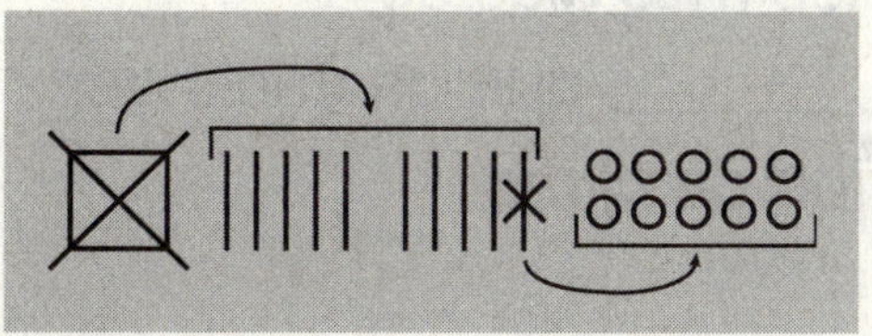

$$\begin{array}{rcl} 100 & = & \overset{90}{\cancel{100}} + \overset{10}{\cancel{0}} \\ -\ 68 & = & 60 + 8 \\ \hline & & 30 + 2 = 32 \end{array}$$

Decenas Unidades

$$\begin{array}{r} \overset{9\,10}{1\cancel{0}\cancel{0}} \\ -\ \ 68 \\ \hline 32 \end{array}$$

1. Había 100 patos de goma en la carrera del río. 19 se hundieron. ¿Cuántos patos hay ahora en la carrera?

☐ ______________________

rótulo

2. Ben compró 100 servilletas para el picnic. Usamos 74. ¿Cuántas servilletas quedaron?

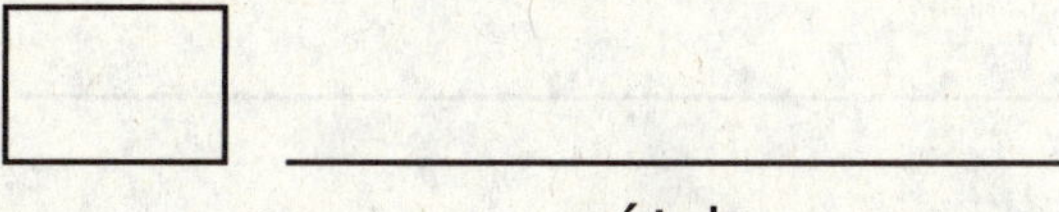

rótulo

Halla la parte desconocida. Suma para comprobar.

3.

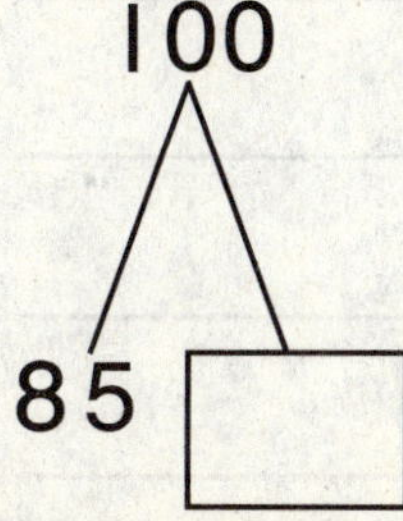

100
67 ☐

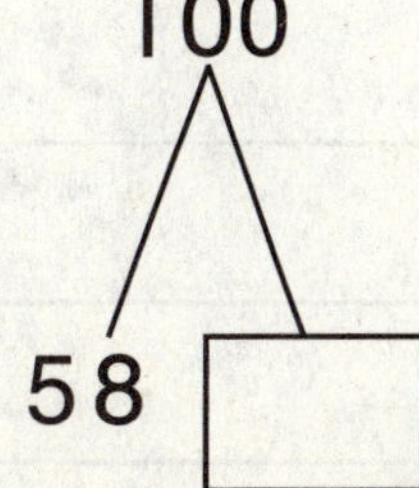

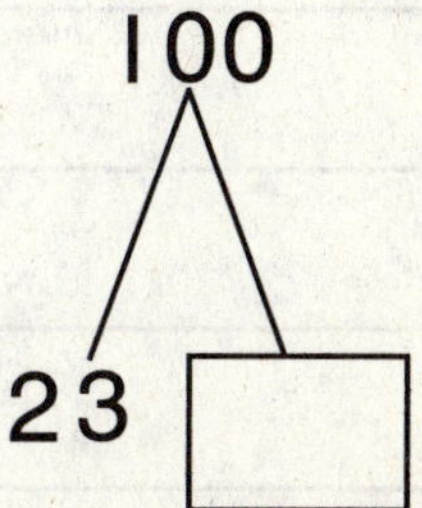

Nombre ______________________________

Practica

Usa la información de la gráfica circular para responder las siguientes preguntas. Completa los espacios en blanco.

Clima del mes pasado
(Número de días)

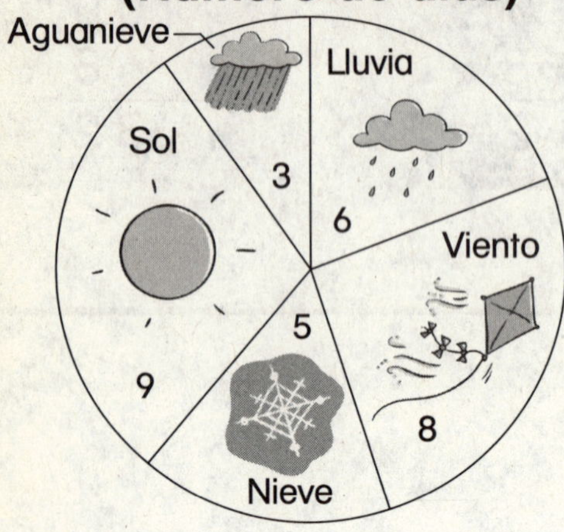

1. Tuvimos más días de ____________ que de cualquier otro tipo de clima.

2. Tuvimos 1 día más de lluvia que de ____________.

3. Tuvimos 4 días menos de nieve que de ____________.

4. Tuvimos 5 días más de viento que de ____________.

5. Tuvimos el mismo número total de días de sol y nieve que de ____________ y ____________.

Escribe otras dos cosas que muestre la gráfica circular.

____

____

____

____

____

____

____

____

Nombre ______________________

Haz la tarea

Resuelve los problemas. Haz un dibujo para comprobar si te ayuda.

Muestra tu trabajo.

1. Amon tenía 94 semillas de tomate. Usó 27 para un proyecto de ciencias. ¿Cuántas semillas le quedaron?

☐ ______________________
rótulo

2. Benita hizo 56 grabados de hojas. Les dio 29 grabados a sus primos. ¿Cuántas grabados tiene Benita ahora?

☐ ______________________
rótulo

3. Denise tenía 71 popotes. Usó 33 para construir un puente. ¿Cuántas popotes le quedan?

☐ ______________________
rótulo

4. Cedric tenía 70 tarjetas deportivas. Regaló 24 tarjetas a sus amigos. ¿Cuántas tarjetas tiene Cedric ahora?

☐ ______________________
rótulo

Nombre ____________________

Recuerda

Suma.

1. $\begin{array}{r} 45 \\ +\ 93 \\ \hline \end{array}$

2. $\begin{array}{r} 72 \\ +\ 59 \\ \hline \end{array}$

3. $\begin{array}{r} 48 \\ +\ 23 \\ \hline \end{array}$

4. Dibuja monedas para mostrar dos maneras de formar 25¢.

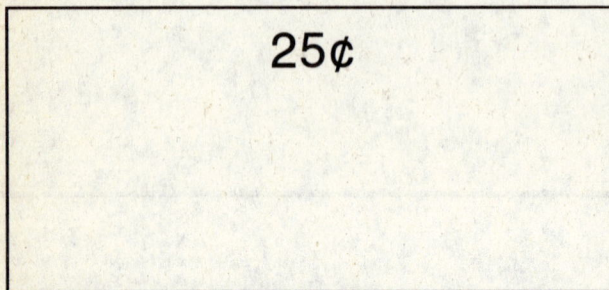

25¢

25¢

Resuelve el problema. **Muestra tu trabajo.**

5. Josh resolvió 8 problemas de matemáticas. Si resuelve otros 7 problemas, habrá resuelto la misma cantidad que Mateo. ¿Cuántos problemas resolvió Mateo?

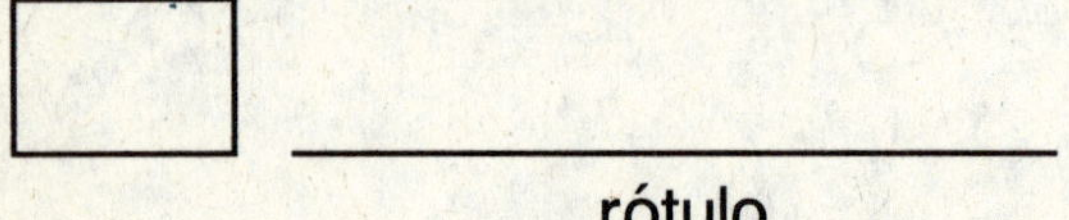

rótulo

6. **Geometría**

Conecta los puntos medios de dos lados opuestos.	Conecta los puntos medios de los otros dos lados opuestos.	Dibuja los dos segmentos.

 Nombre

Haz la tarea

El método desarrollado	El método de desagrupar primero	Dibujo para comprobar
93 = 90 + 3 (80 + 13) − 57 = 50 + 7 30 + 6 = 36	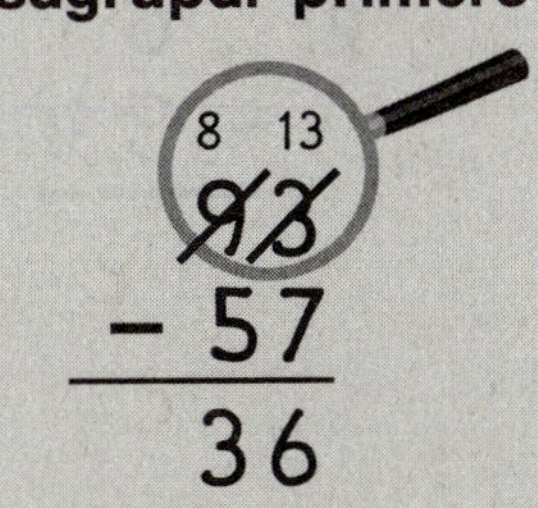 − 57 36	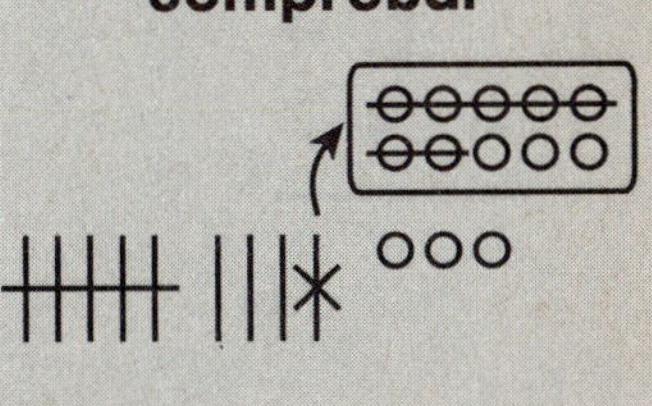

Resta usando cualquier método.

1. $\begin{array}{r} 38 \\ -\ 21 \\ \hline \end{array}$

2. $\begin{array}{r} 57 \\ -\ 39 \\ \hline \end{array}$

3. $\begin{array}{r} 95 \\ -\ 64 \\ \hline \end{array}$

4. $\begin{array}{r} 50 \\ -\ 13 \\ \hline \end{array}$

5. $\begin{array}{r} 68 \\ -\ 15 \\ \hline \end{array}$

6. $\begin{array}{r} 77 \\ -\ 29 \\ \hline \end{array}$

7. $\begin{array}{r} 74 \\ -\ 48 \\ \hline \end{array}$

8. $\begin{array}{r} 84 \\ -\ 49 \\ \hline \end{array}$

 Nombre ______________________

Practica

Resta.

1. $\begin{array}{r} 64 \\ -37 \\ \hline \end{array}$	2. $\begin{array}{r} 81 \\ -34 \\ \hline \end{array}$	3. $\begin{array}{r} 48 \\ -26 \\ \hline \end{array}$
4. $\begin{array}{r} 73 \\ -19 \\ \hline \end{array}$	5. $\begin{array}{r} 96 \\ -58 \\ \hline \end{array}$	6. $\begin{array}{r} 55 \\ -26 \\ \hline \end{array}$
7. $\begin{array}{r} 67 \\ -52 \\ \hline \end{array}$	8. $\begin{array}{r} 71 \\ -45 \\ \hline \end{array}$	9. $\begin{array}{r} 43 \\ -15 \\ \hline \end{array}$
10. $\begin{array}{r} 38 \\ -14 \\ \hline \end{array}$	11. $\begin{array}{r} 50 \\ -31 \\ \hline \end{array}$	12. $\begin{array}{r} 94 \\ -57 \\ \hline \end{array}$
13. $\begin{array}{r} 76 \\ -38 \\ \hline \end{array}$	14. $\begin{array}{r} 85 \\ -67 \\ \hline \end{array}$	15. $\begin{array}{r} 84 \\ -49 \\ \hline \end{array}$

 Nombre

Haz la tarea

Resta.

1. $\begin{array}{r} 87 \\ -59 \\ \hline \end{array}$

2. $\begin{array}{r} 63 \\ -14 \\ \hline \end{array}$

3. $\begin{array}{r} 55 \\ -18 \\ \hline \end{array}$

4. $\begin{array}{r} 73 \\ -17 \\ \hline \end{array}$

5. $\begin{array}{r} 83 \\ -12 \\ \hline \end{array}$

6. $\begin{array}{r} 99 \\ -35 \\ \hline \end{array}$

7. $\begin{array}{r} 62 \\ -55 \\ \hline \end{array}$

8. $\begin{array}{r} 71 \\ -49 \\ \hline \end{array}$

9. $\begin{array}{r} 45 \\ -26 \\ \hline \end{array}$

10. $\begin{array}{r} 50 \\ -11 \\ \hline \end{array}$

11. $\begin{array}{r} 92 \\ -44 \\ \hline \end{array}$

12. $\begin{array}{r} 75 \\ -52 \\ \hline \end{array}$

 Nombre ______

Recuerda

Responde las siguientes preguntas leyendo la gráfica circular.

1. ¿Cuántos pollos y patos hay en total en la granja?

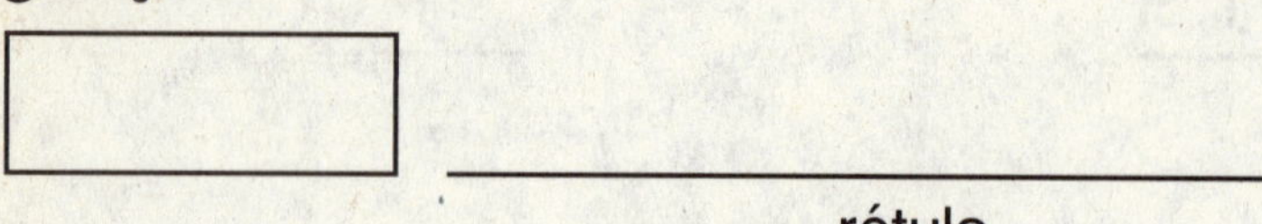

rótulo

Animales en la granja

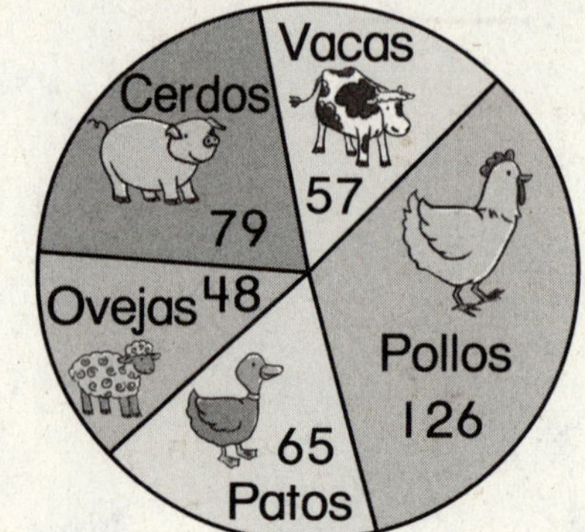

2. ¿Cuántas vacas hay más que ovejas?

______
rótulo

3. ¿Cuántos cerdos hay menos que pollos?

______
rótulo

Resta.

4. $\begin{array}{r} 91 \\ -\ 52 \\ \hline \end{array}$

5. $\begin{array}{r} 87 \\ -\ 36 \\ \hline \end{array}$

6. $\begin{array}{r} 70 \\ -\ 23 \\ \hline \end{array}$

7. **Geometría**

Dibuja una diagonal.	Dibuja la otra diagonal.	Dibuja las dos diagonales.

 Nombre

Haz la tarea

Resuelve los problemas. Haz un dibujo para comprobar si lo necesitas.

Muestra tu trabajo.

1. Había 200 botellas de agua en una mesa. Los participantes en una carrera se tomaron 73. ¿Cuántas botellas de agua quedaron en la mesa?

rótulo

2. Había 200 malas hierbas en mi jardín. Mi hermanita arrancó 68. ¿Cuántas malas hierbas quedan en el jardín?

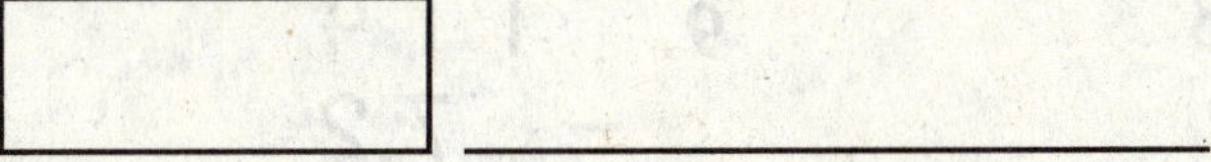

rótulo

Resta.

3. $200 - 66$

4. $200 - 82$

5. $200 - 68$

6. $200 - 95$

7. $200 - 72$

8. $200 - 47$

Nombre ______________________

Practica

Resta.

1. $\begin{array}{r} 164 \\ -\ 53 \\ \hline \end{array}$

2. $\begin{array}{r} 136 \\ -\ 73 \\ \hline \end{array}$

3. $\begin{array}{r} 157 \\ -\ 65 \\ \hline \end{array}$

4. $\begin{array}{r} 145 \\ -\ 83 \\ \hline \end{array}$

5. $\begin{array}{r} 187 \\ -\ 44 \\ \hline \end{array}$

6. $\begin{array}{r} 138 \\ -\ 56 \\ \hline \end{array}$

7. $\begin{array}{r} 168 \\ -\ 42 \\ \hline \end{array}$

8. $\begin{array}{r} 123 \\ -\ 61 \\ \hline \end{array}$

9. $\begin{array}{r} 114 \\ -\ 72 \\ \hline \end{array}$

10. $\begin{array}{r} 187 \\ -\ 93 \\ \hline \end{array}$

11. $\begin{array}{r} 199 \\ -\ 88 \\ \hline \end{array}$

12. $\begin{array}{r} 175 \\ -\ 94 \\ \hline \end{array}$

9–8 **Nombre** ____________________

Haz la tarea

Decide si necesitas desagrupar. Luego resta.

1. $\begin{array}{r} 147 \\ -\ 32 \\ \hline \end{array}$

2. $\begin{array}{r} 147 \\ -\ 38 \\ \hline \end{array}$

3. $\begin{array}{r} 147 \\ -\ 48 \\ \hline \end{array}$

4. $\begin{array}{r} 126 \\ -\ 54 \\ \hline \end{array}$

5. $\begin{array}{r} 126 \\ -\ 57 \\ \hline \end{array}$

6. $\begin{array}{r} 126 \\ -\ 97 \\ \hline \end{array}$

7. $\begin{array}{r} 187 \\ -\ 46 \\ \hline \end{array}$

8. $\begin{array}{r} 187 \\ -\ 49 \\ \hline \end{array}$

9. $\begin{array}{r} 187 \\ -\ 99 \\ \hline \end{array}$

10. $\begin{array}{r} 172 \\ -\ 35 \\ \hline \end{array}$

11. $\begin{array}{r} 172 \\ -\ 85 \\ \hline \end{array}$

12. $\begin{array}{r} 172 \\ -\ 31 \\ \hline \end{array}$

 Nombre ______________________________

Recuerda

Resuelve el problema. **Muestra tu trabajo.**

1. El panadero hizo 67 *muffins* por la mañana. Planea hacer 93 más. ¿Cuántos *muffins* hará si sigue su plan?

[ ] ______________________
rótulo

Usa la gráfica de barras para responder las preguntas.

Bicicletas en el garaje

Mike	🚲	🚲	🚲	🚲						
Christy	🚲	🚲	🚲	🚲	🚲	🚲	🚲	🚲		
Sarah	🚲	🚲								

2. ¿Cuántas bicicletas más tiene Christy que Sarah? ________ bicicletas

3. ¿Cuántas bicicletas menos tiene Sarah que Mike? ________ bicicletas

4. Geometría

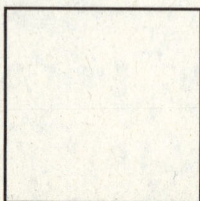

Conecta los puntos medios de dos lados opuestos.	Conecta los puntos medios de los otros dos lados opuestos.	Dibuja los dos segmentos.

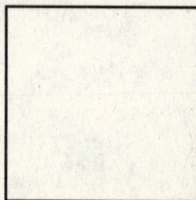

Nombre ______________________

Haz la tarea

Decide si necesitas desagrupar. Luego resta.

1. $\begin{array}{r} 130 \\ -\ 99 \\ \hline \end{array}$

2. $\begin{array}{r} 150 \\ -\ 39 \\ \hline \end{array}$

3. $\begin{array}{r} 160 \\ -\ 67 \\ \hline \end{array}$

4. $\begin{array}{r} 108 \\ -\ 88 \\ \hline \end{array}$

5. $\begin{array}{r} 120 \\ -\ 83 \\ \hline \end{array}$

6. $\begin{array}{r} 101 \\ -\ 72 \\ \hline \end{array}$

Resuelve los problemas. **Muestra tu trabajo.**

7. Había 120 monedas de 5 centavos en un frasco. Janice sacó 49. ¿Cuántas monedas de 5 centavos hay en el frasco ahora?

☐ ______________________
rótulo

8. El sábado pasado se enviaron 109 libros a la librería. Hasta el momento se han vendido 25. ¿Cuántos no se han vendido?

☐ ______________________
rótulo

Practica

Resta.

1. $\begin{array}{r} 116 \\ -\ 37 \\ \hline \end{array}$

2. $\begin{array}{r} 148 \\ -\ 65 \\ \hline \end{array}$

3. $\begin{array}{r} 176 \\ -\ 89 \\ \hline \end{array}$

4. $\begin{array}{r} 163 \\ -\ 18 \\ \hline \end{array}$

5. $\begin{array}{r} 123 \\ -\ 65 \\ \hline \end{array}$

6. $\begin{array}{r} 104 \\ -\ 12 \\ \hline \end{array}$

7. $\begin{array}{r} 124 \\ -\ 39 \\ \hline \end{array}$

8. $\begin{array}{r} 170 \\ -\ 97 \\ \hline \end{array}$

9. $\begin{array}{r} 133 \\ -\ 35 \\ \hline \end{array}$

10. $\begin{array}{r} 117 \\ -\ 54 \\ \hline \end{array}$

11. $\begin{array}{r} 124 \\ -\ 35 \\ \hline \end{array}$

12. $\begin{array}{r} 146 \\ -\ 17 \\ \hline \end{array}$

 Nombre ______

Haz la tarea

¿Qué te gustaría comprar? Primero, mira cuánto dinero tienes. Paga el objeto. ¿Cuánto dinero te queda?

Venta de garaje

Globo terráqueo
85¢

Anillo
67¢

Bolso deportivo
98¢

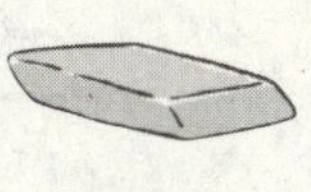

Goma de borrar
79¢

Lápices de colores
66¢

1. Tengo 124¢ en el bolsillo.
Compré ______.

$$\begin{array}{r} 124¢ \\ - \quad\quad ¢ \\ \hline \end{array}$$

Me quedan ______ ¢.

2. Tengo 152¢ en el bolsillo.
Compré ______.

$$\begin{array}{r} 152¢ \\ - \quad\quad ¢ \\ \hline \end{array}$$

Me quedan ______ ¢.

3. Tengo 145¢ en el bolsillo.
Compré ______.

$$\begin{array}{r} 145¢ \\ - \quad\quad ¢ \\ \hline \end{array}$$

Me quedan ______ ¢.

4. Tengo 131¢ en el bolsillo.
Compré ______.

$$\begin{array}{r} 131¢ \\ - \quad\quad ¢ \\ \hline \end{array}$$

Me quedan ______ ¢.

Nombre

Recuerda

Resta.

1. $\begin{array}{r} 103 \\ -\ 55 \\ \hline \end{array}$

2. $\begin{array}{r} 150 \\ -\ 91 \\ \hline \end{array}$

3. $\begin{array}{r} 170 \\ -\ 93 \\ \hline \end{array}$

4. $\begin{array}{r} 140 \\ -\ 54 \\ \hline \end{array}$

5. $\begin{array}{r} 109 \\ -\ 22 \\ \hline \end{array}$

6. $\begin{array}{r} 108 \\ -\ 49 \\ \hline \end{array}$

Escribe la hora en el reloj digital.

7.

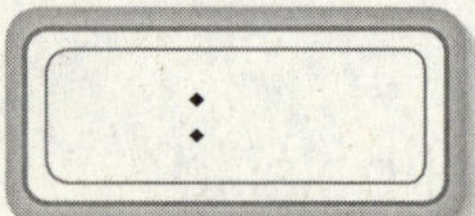

8.

9.

10.

11. **Geometría**

Dibuja una diagonal.	Dibuja la otra diagonal.	Dibuja las dos diagonales.
		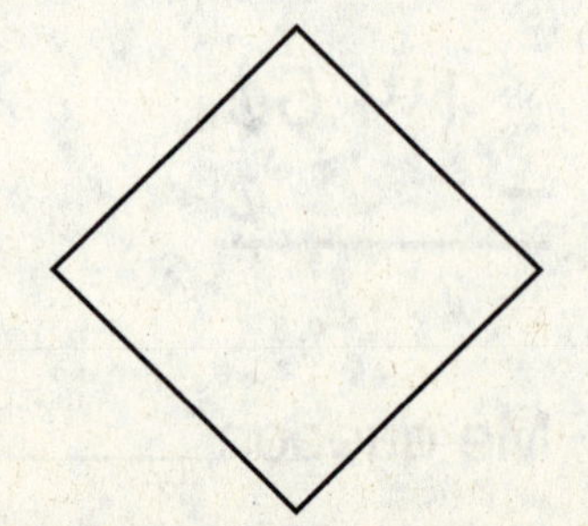

Nombre ______________________

Haz la tarea

Dibuja una montaña matemática para resolver cada problema. Muestra cómo sumas o restas.

Muestra tu trabajo.

1. Papi tenía 148 porciones de pizza en el negocio. Vendió 56 porciones. ¿Cuántas porciones le quedaron a Papi?

[   ] ______________ rótulo

2. Había 84 niños en el parque. Luego, llegaron 61 niños más. ¿Cuántos niños hay en el parque ahora?

[   ] ______________ rótulo

3. Bella tenía 119 crayolas. Le regaló 36 a su amiga. ¿Cuántas crayolas le quedaron?

[   ] ______________ rótulo

4. Luke corrió durante 79 minutos. Después nadó durante 48 minutos. ¿Cuántos minutos pasó Luke haciendo estas dos cosas?

[   ] ______________ rótulo

Nombre ____________________

Practica

Resuelve los problemas. **Muestra tu trabajo.**

1. Lena resolvió un acertijo matemático en 87 segundos. Luego, resolvió otro acertijo en 63 segundos. ¿Cuánto tiempo le llevó resolver los dos acertijos?

[ ] ____________________ rótulo

2. Lori hizo una torre con 147 bloques. 59 bloques se cayeron. ¿Cuántos bloques hay en la torre ahora?

[ ] ____________________ rótulo

3. La biblioteca tiene 113 libros de arte. 74 están prestados. ¿Cuántos libros de arte quedan en la biblioteca?

[ ] ____________________ rótulo

4. Mi perro Max tiene 26 manchas. Mi otro perro, Lucky, tiene 58 manchas. ¿Cuántas manchas tienen mis dos perros?

[ ] ____________________ rótulo

Nombre ______

Haz la tarea

1. Escribe todas las ecuaciones para 74, 25 y 49.

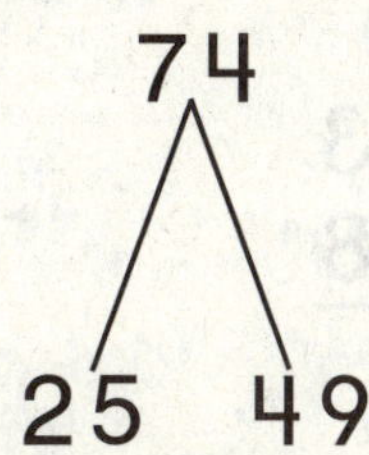

25 + 49 = 74 ______ 74 = 25 + 49 ______

______ ______

______ ______

______ ______

2. Escribe todas las ecuaciones para 157, 68 y 89.

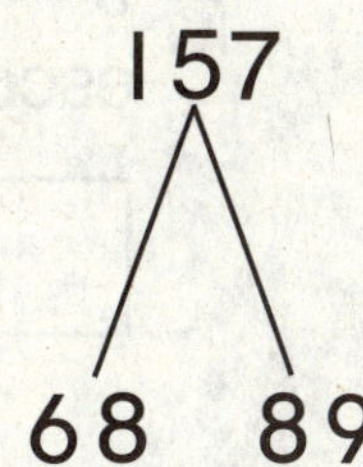

68 + 89 = 157 ______ 157 = 68 + 89 ______

______ ______

______ ______

______ ______

Nombre ____________________

Recuerda

Suma o resta.

1. $\begin{array}{r} 200 \\ -\ 69 \\ \hline \end{array}$ $\begin{array}{r} 173 \\ -\ 48 \\ \hline \end{array}$ $\begin{array}{r} 38 \\ +\ 49 \\ \hline \end{array}$

Usa la gráfica de barras para responder las preguntas.

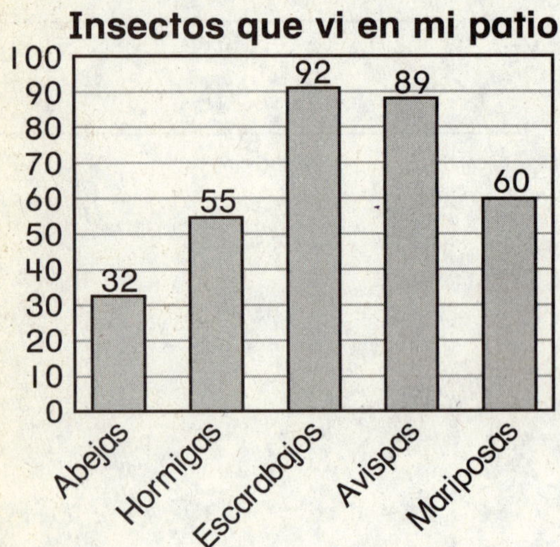

2. ¿Cuántas mariposas más vi que abejas vi?

rótulo

3. ¿Cuántas hormigas menos vi que escarabajos vi?

rótulo

4. ¿Cuántos escarabajos y avispas vi en mi patio?

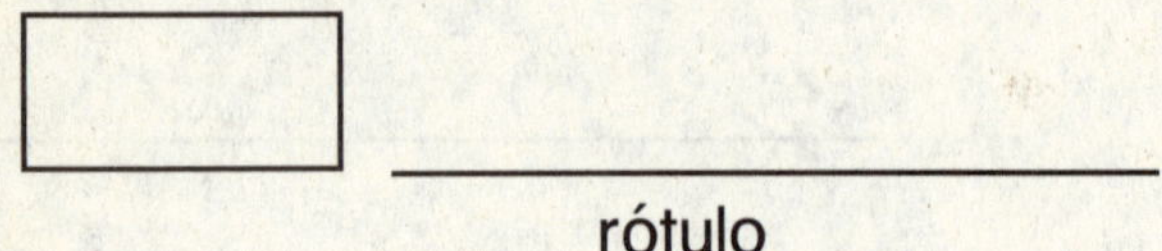

5. Dibuja las dos diagonales.

Nombre

Haz la tarea

Suma o resta. ¡Presta atención a los signos!

1. $\begin{array}{r} 75 \\ +\ 28 \\ \hline \end{array}$

2. $\begin{array}{r} 133 \\ -\ 85 \\ \hline \end{array}$

3. $\begin{array}{r} 47 \\ +\ 98 \\ \hline \end{array}$

4. $\begin{array}{r} 87 \\ -\ 48 \\ \hline \end{array}$

5. $\begin{array}{r} 34 \\ +\ 18 \\ \hline \end{array}$

6. $\begin{array}{r} 162 \\ -\ 84 \\ \hline \end{array}$

7. $\begin{array}{r} 76 \\ +\ 93 \\ \hline \end{array}$

8. $\begin{array}{r} 156 \\ -\ 29 \\ \hline \end{array}$

9. $\begin{array}{r} 58 \\ +\ 95 \\ \hline \end{array}$

10. $\begin{array}{r} 121 \\ -\ 53 \\ \hline \end{array}$

11. $\begin{array}{r} 96 \\ +\ 37 \\ \hline \end{array}$

12. $\begin{array}{r} 101 \\ -\ 39 \\ \hline \end{array}$

9–13

Nombre ______________________

Practica

Resuelve los problemas. **Muestra tu trabajo.**

1. La tienda de muñecas tenía 72 muñecas nuevas. Vendieron 34. ¿Cuántas muñecas quedan en la tienda?

[ ] ______________ rótulo

2. Coleccioné 95 adhesivos. Mi hermana coleccionó 48 adhesivos. ¿Cuántos adhesivos coleccionamos mi hermana y yo en total?

[ ] ______________ rótulo

3. 67 niñas y 86 niños se inscribieron para clases en la academia de danza. En total, ¿cuántos niños y niñas se inscribieron para clases de danza?

[ ] ______________ rótulo

4. Compramos 153 vasos para el picnic. Solo usamos 78. ¿Cuántos vasos quedaron?

[ ] ______________ rótulo

 Nombre ______

Haz la tarea

El señor Green quiere comprar algunas cosas en el mercado de las pulgas. Pagará por los objetos con dos dólares (200 centavos). ¿Cuánto deberá recibir de cambio?

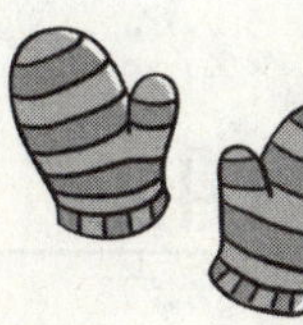

Manoplas
57¢

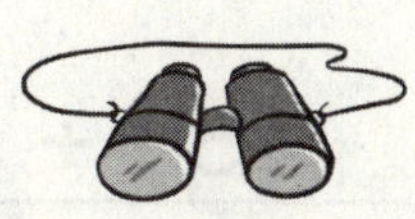

Binoculares de juguete
89¢

Cámara de juguete
96¢

Ovejita de juguete
78¢

Planta
65¢

1. El señor Green compra los manoplas y la planta.

______ ¢

\+ ______ ¢

Total: ______

200¢ − ______ = ______

Su cambio será: ______ ¢.

2. El señor Green compra la ovejita de juguete y la cámara de juguete.

______ ¢

\+ ______ ¢

Total: ______

200¢ − ______ = ______

Su cambio será: ______ ¢.

3. El señor Green compra los binoculares de juguete y la ovejita de juguete.

______ ¢

\+ ______ ¢

Total: ______

200¢ − ______ = ______

Su cambio será: ______ ¢.

4. El señor Green compra la cámara de juguete y la planta.

______ ¢

\+ ______ ¢

Total: ______

200¢ − ______ = ______

Su cambio será: ______ ¢.

Nombre

Recuerda

1. Escribe todas las ecuaciones para 142, 58 y 84.

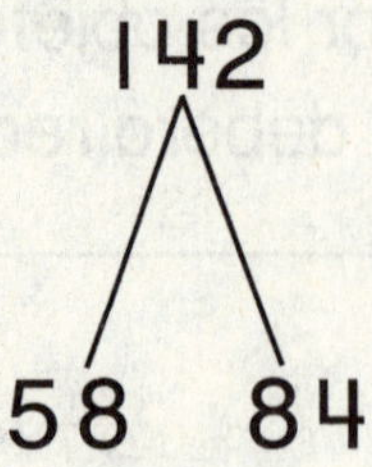

142 = 58 + 84 58 + 84 = 142

2. ¿Qué hora es? Escribe la hora en el reloj digital.

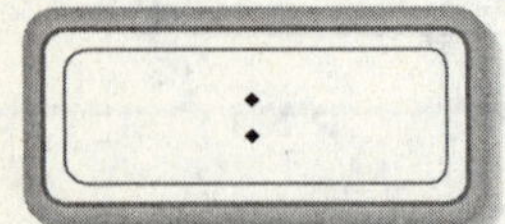
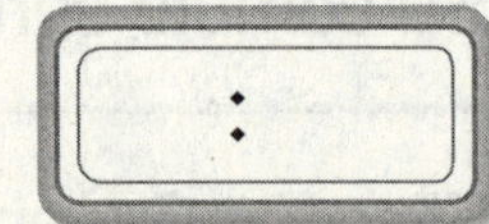
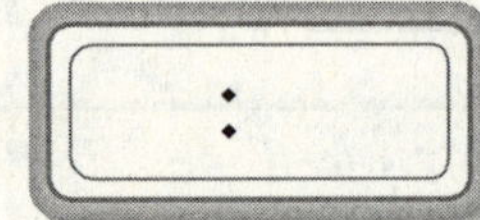
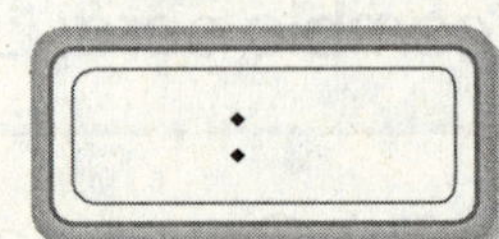

Resuelve el problema. **Muestra tu trabajo.**

3. Kevin contó 121 camiones y 53 carros por la mañana. Por la tarde contó 68 camiones y 95 carros. ¿Cuántos camiones contó en total?

rótulo

Nombre ______________________

Haz la tarea

Suma para resolver los problemas. **Muestra tu trabajo.**

1. Rudy tenía 72 hormigas en su colonia de hormigas. Agregó algunas hormigas más. Ahora hay 209 hormigas. ¿Cuántas hormigas agregó Rudy?

   ☐ ______________ rótulo

2. Tina tenía 92 flores en su jardín esta mañana. Después se llevó unas para la escuela y le quedaron 33. ¿Cuántas flores se llevó Tina para la escuela?

   ☐ ______________ rótulo

3. Lia coleccionó 119 distintivos. Luego le dio algunos a Matt. Ahora Lia tiene 58 distintivos. ¿Cuántos distintivos le dio Lia a Matt?

   ☐ ______________ rótulo

4. Esta mañana había 124 carros en el garaje. Ahora hay 66 carros en el garaje. ¿Cuántos carros salieron del garaje?

   ☐ ______________ rótulo

Nombre ________________________________

Practica

El tren se detiene en las calles que se muestran en la tabla. Dile al encargado de los boletos a dónde te gustaría ir. Paga tu boleto con un dólar (100¢) ¿Cuánto debes recibir de cambio?

PRECIOS DE BOLETOS

Calle Manzano	38¢
Calle Limonar	46¢
Calle Pacífico	57¢
Calle Laurel	63¢
Calle Primavera	75¢
Calle Arco iris	82¢

Línea Amanecer

UN BOLETO

A: CALLE ________________________

PRECIO:

Pago con un dólar.

Mi cambio es __________.

Pago con un dólar.

Mi cambio es __________.

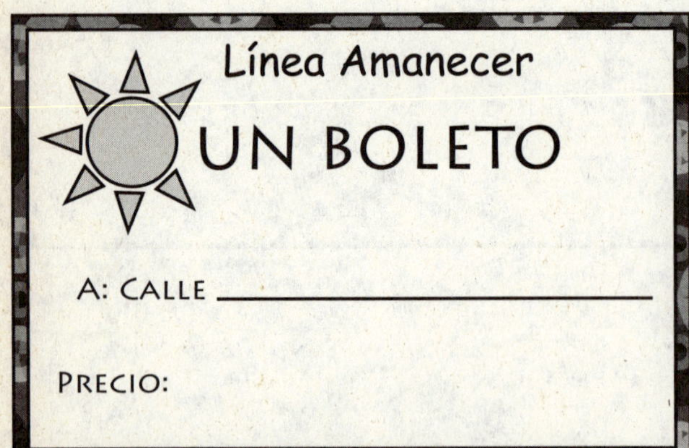

Pago con un dólar.

Mi cambio es __________.

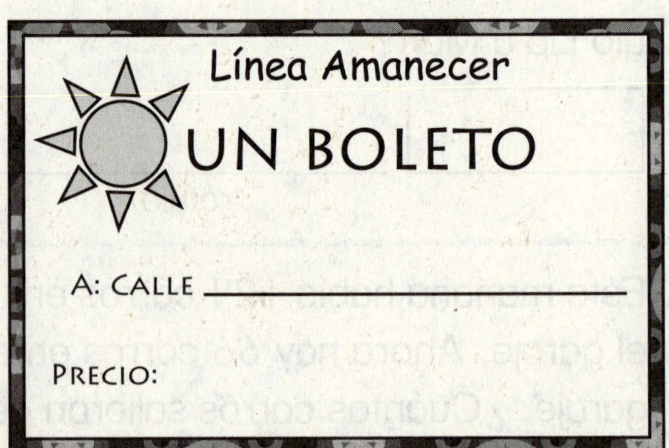

Pago con un dólar.

Mi cambio es __________.

9–16 Nombre ______________________

Haz la tarea

Resuelve los problemas. **Muestra tu trabajo.**

1. Alma tiene 129 estrellas para hacer un cartel. Larry tiene 82 estrellas. ¿Cuántas estrellas menos tiene Larry que Alma?

[ ] ______________ rótulo

2. La biblioteca tenía 61 revistas. Hoy compraron nuevas revistas. Ahora, hay 135 revistas. ¿Cuántas revistas nuevas compró la biblioteca?

[ ] ______________ rótulo

3. Para su fiesta, Mori puso 209 *pretzels* en un tazón. Sus amigos se comieron algunos. Ahora hay 72 *pretzels*. ¿Cuántos *pretzels* se comieron sus amigos?

[ ] ______________ rótulo

4. El equipo de hockey de Eric anotó 41 goles y el equipo de Lou anotó 110 goles. ¿Cuántos goles más anotó el equipo de Lou que el equipo de Eric?

[ ] ______________ rótulo

 Nombre ______________________________

Recuerda

Resuelve el problema. **Muestra tu trabajo.**

1. Al preparó 163 pepinillos para el concurso del pepinillo perfecto. Los jueces se comieron 74. ¿Cuántos pepinillos le quedaron a Al?

[ ] ______________________
rótulo

2. Completa la gráfica de barras con la siguiente información.

- Alicia tiene 5 tareas por hacer.
- Kim tiene 4 tareas más que Alicia.
- Roberto tiene que terminar 2 tareas más para tener la misma cantidad que Alicia.
- Tyrone tiene 2 tareas menos que Roberto.

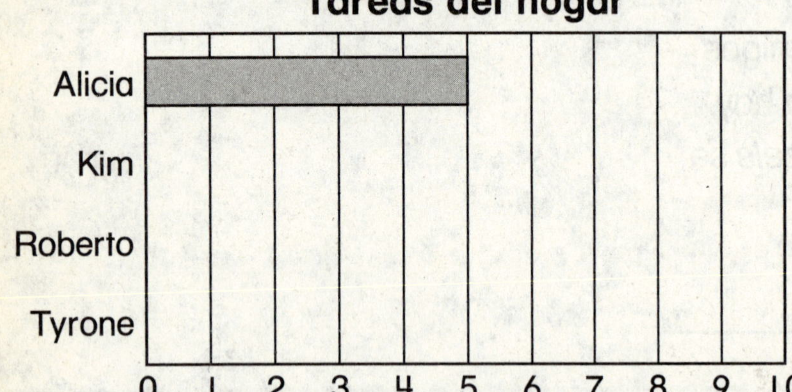

Suma.

3. $100 + 83 =$ ______

$10 + 83 =$ ______

$1 + 83 =$ ______

4. $100 + 6 =$ ______

$10 + 6 =$ ______

$1 + 6 =$ ______

Nombre ______

Haz la tarea

¿Verdadero o falso? Encierra en un círculo la respuesta. Luego da 3 ejemplos para los enunciados verdaderos o un ejemplo para los enunciados falsos.

1. Si los puntos medios de los lados de un cuadrilátero se conectan con cuatro líneas rectas, se formarán cuatro cuadriláteros.

   Verdadero   Falso

2. Si sumas los dígitos a medida que cuentas de 3 en 3, el total será 3, 6 ó 9.

   Verdadero   Falso

3. Si los puntos medios de los lados de un triángulo se conectan con tres líneas rectas, se formarán tres triángulos.

   Verdadero   Falso

4. Si sumas dos números pares, el total será un número impar.

   Verdadero   Falso

5. Escribe un enunciado falso y un ejemplo para mostrar que es falso.

Nombre ____________________

Recuerda

Resuelve los problemas. **Muestra tu trabajo.**

1. El señor Lopez tiene 135 títeres en su tienda de juguetes. Vendió 48. ¿Cuántos títeres le quedan?

títere

[ ] ____________________
rótulo

2. Mary tiene 36 estampillas de perros y 47 estampillas de gatos. Tam tiene 142 estampillas de perros y 56 estampillas de gatos. ¿Cuántas estampillas de perros tienen en total?

estampilla de perros

[ ] ____________________
rótulo

Halla todas las posibles respuestas.

3. Pedro está pensando en un número. El número tiene 3 dígitos. El dígito en el lugar de las centenas es 6 veces más que el dígito en el lugar de las decenas. El dígito en el lugar de las unidades es 4. ¿En qué número puede estar pensando Pedro? ____________________

4. Ming-Na está pensando en un número. Es un número de 30 a 40. Es un número par. El dígito en el lugar de decenas es menor que el dígito en el lugar de las unidades. ¿En qué número puede estar pensando Ming-Na?

____

 Nombre ______

Haz la tarea

1. ¿Qué dos figuras son congruentes?

Las figuras ______ y ______ son congruentes.

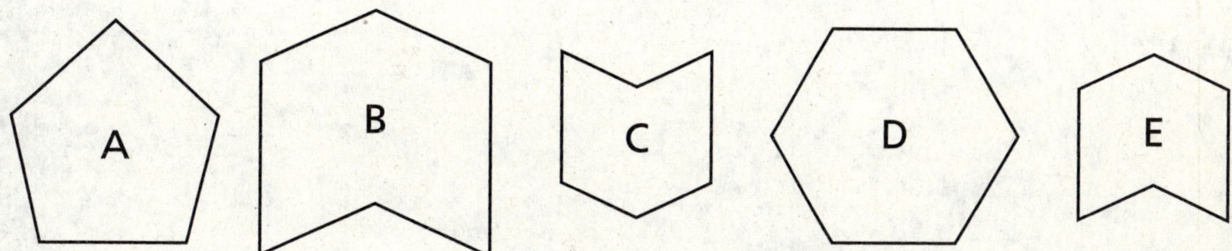

¿Son semejantes las dos figuras? Escribe *semejantes* o *no semejantes*.

2.

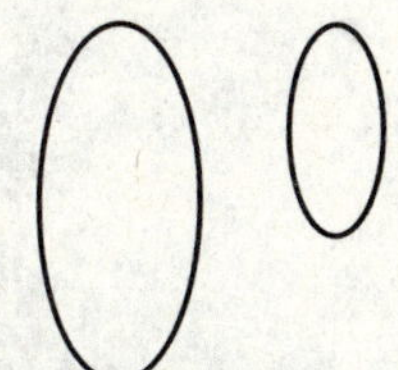

______

3.

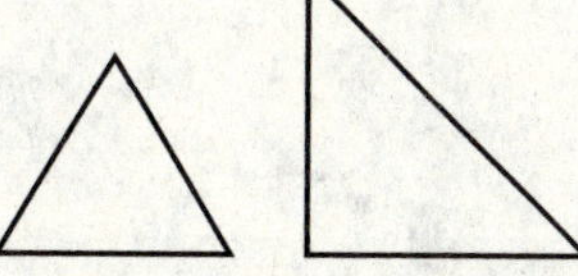

______

4.

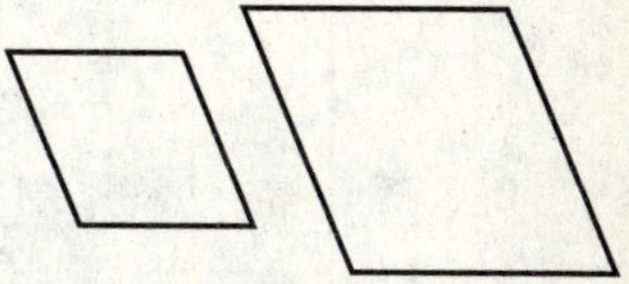

______

5. Clasifica estas figuras en dos grupos usando tu propia regla.

Mi regla de clasificación es ______

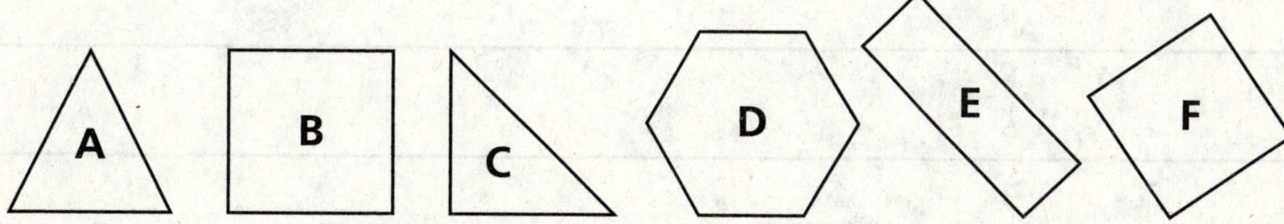

Las figuras ______ son ______.

Las figuras ______ son ______.

6. En la siguiente página Dibuja seis polígonos. Rotula cada uno con una letra. Describe una regla de clasificación y clasifica las figuras de acuerdo con tu regla.

Nombre

 Nombre ______________________

Haz la tarea

Recorta los bloques de figuras geométricas de la página M58.
Úsalos para completar los ejercicios.

1. Combina las figuras para mostrar 2 maneras de hacer un trapecio. 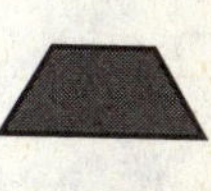
   Haz una lista con las figuras que usaste y su cantidad.

   ____

   ____

2. Combina las figuras para mostrar 3 maneras de hacer un hexágono.
   Haz una lista con las figuras que usaste y su cantidad.

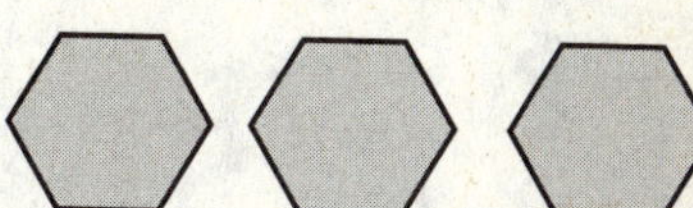

   ____

   ____

   ____

Encierra en un círculo las figuras que puedes cortar para hacer las figuras nombradas.
Recórtalas para comprobar.

3. 2 triángulos

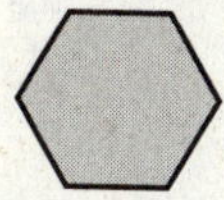     

4. 4 cuadrados

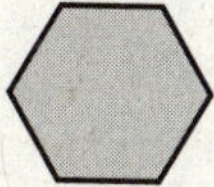     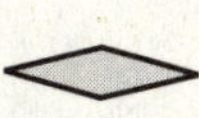

5. **En la siguiente página** Dibuja 3 figuras diferentes. Dibuja una figura que puedas hacer combinando 3 figuras.

Nombre

10-3 Nombre

Haz la tarea

Escribe *traslación, inversión* o *giro* para describir cómo se movió la figura.

1. 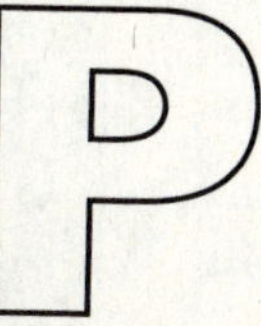

2. 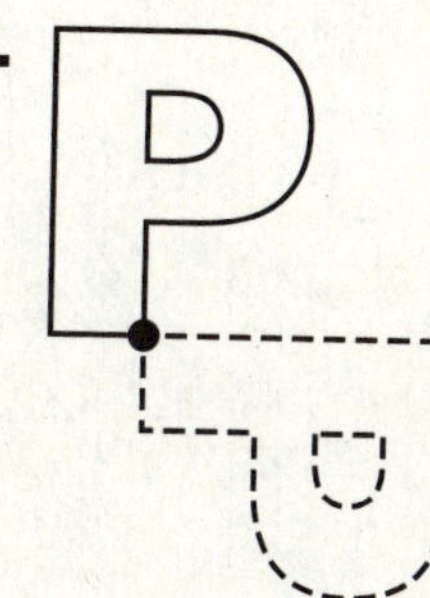

3. 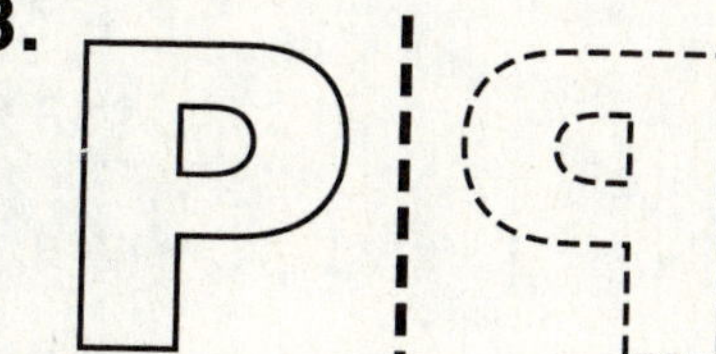

4. 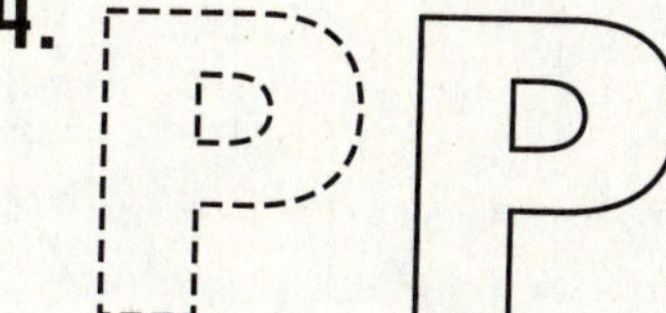

Dibuja la figura que sigue en el patrón.

5. 

6. 

7. **En la siguiente página** Busca en tu casa un objeto plano y trázalo. Trasládalo hacia la izquierda y trázalo de nuevo. Luego muestra un giro usando el mismo objeto.

Nombre

 Nombre

Haz la tarea

Dibuja lo que sigue en cada patrón.

1. 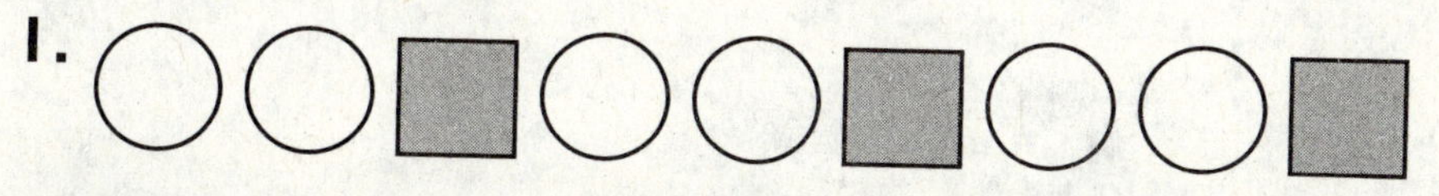

2.

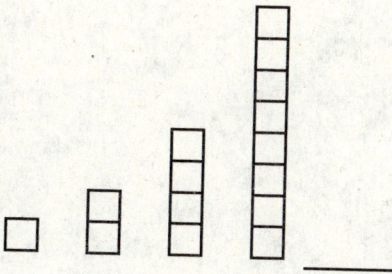

3. 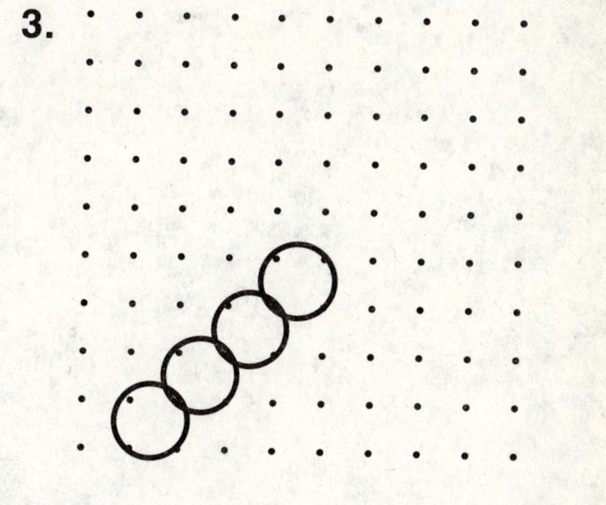

4. 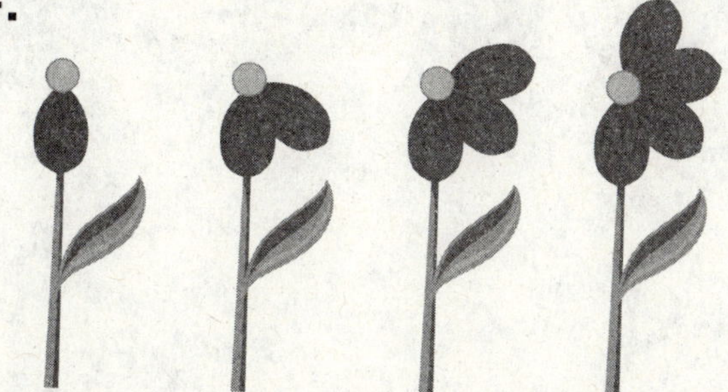

5. Dibuja y recorta una letra. Trázala para mostrar un patrón de movimiento.

6. **En la siguiente página** Dibuja un patrón que aumenta.

Nombre

 Nombre

Haz la tarea

Halla el área de cada figura sombreada en centímetros cuadrados.

1.

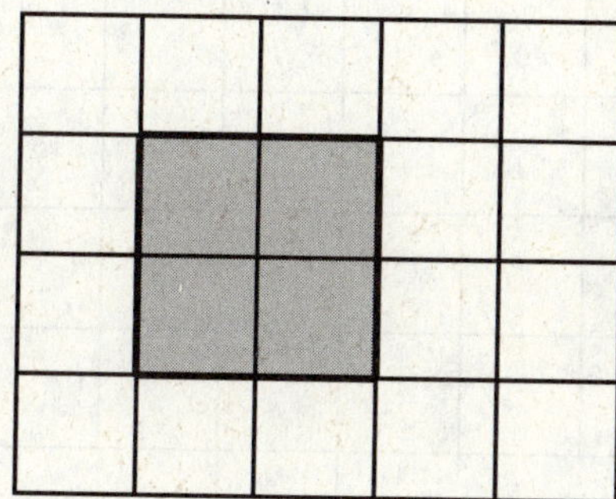

Área = ☐ centímetros cuadrados

2.

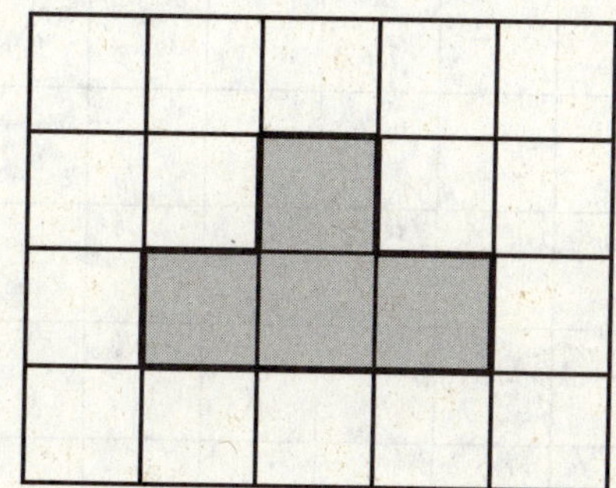

Área = ☐ centímetros cuadrados

3.

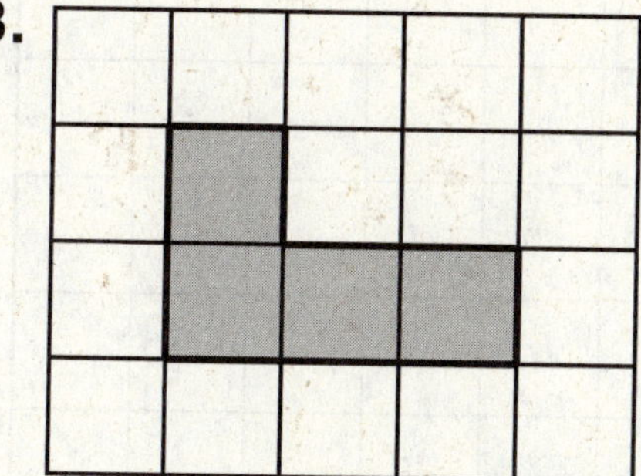

Área = ☐ centímetros cuadrados

4.

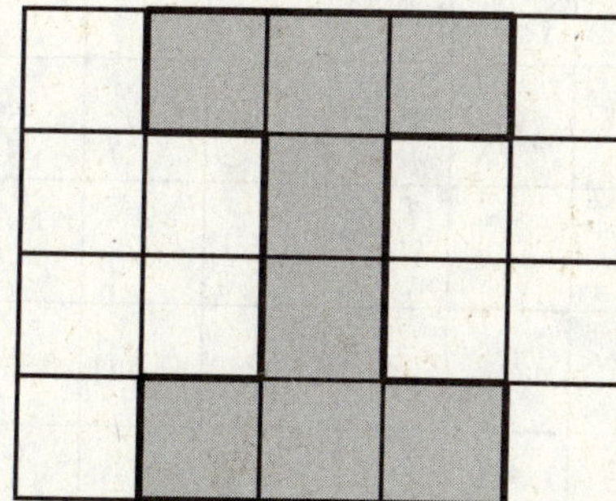

Área = ☐ centímetros cuadrados

Estima el área de cada figura sombreada en centímetros cuadrados.

5.

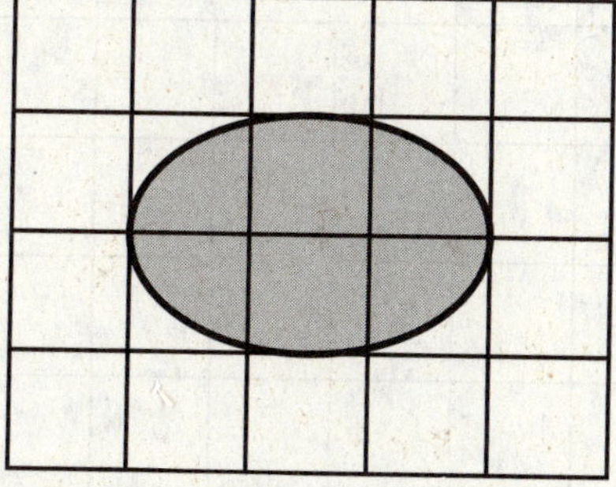

Estimación del área:

☐ centímetros cuadrados

6.

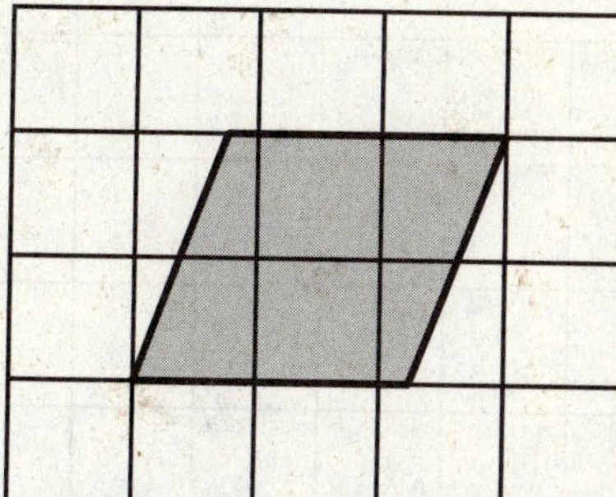

Estimación del área:

☐ centímetros cuadrados

7. **En la página siguiente** Dibuja tres figuras diferentes y estima el área de cada una en centímetros cuadrados.

Nombre

Nombre ____________

Haz la tarea

Cuenta las centenas, las decenas y las unidades.
Escribe los totales.

1. □ ||||| |||| ○○○○○ ○○○

_____ Centenas _____ Decenas _____ Unidades Total _____

2. □□ □□ ||||| ○○○○○ ○○○○

_____ Centenas _____ Decenas _____ Unidades Total _____

Dibuja las centenas, decenas y unidades para los siguientes números. Usa cuadrados, palitos y círculos.

3. 2 Centenas 4 Decenas 3 Unidades

4. 5 Centenas 6 Decenas 8 Unidades

5. 3 Centenas 8 Decenas 2 Unidades

6. 1 Centenas 7 Decenas 7 Unidades

Nombre

Practica

Suma o resta.

1. $\begin{array}{r} 164 \\ -\ 53 \\ \hline \end{array}$

2. $\begin{array}{r} 136 \\ +\ 73 \\ \hline \end{array}$

3. $\begin{array}{r} 150 \\ -\ 65 \\ \hline \end{array}$

4. $\begin{array}{r} 145 \\ +\ 83 \\ \hline \end{array}$

5. $\begin{array}{r} 107 \\ -\ 44 \\ \hline \end{array}$

6. $\begin{array}{r} 138 \\ +\ 56 \\ \hline \end{array}$

7. $\begin{array}{r} 160 \\ -\ 42 \\ \hline \end{array}$

8. $\begin{array}{r} 123 \\ +\ 61 \\ \hline \end{array}$

9. $\begin{array}{r} 114 \\ -\ 72 \\ \hline \end{array}$

10. $\begin{array}{r} 187 \\ +\ 93 \\ \hline \end{array}$

11. $\begin{array}{r} 109 \\ -\ 88 \\ \hline \end{array}$

12. $\begin{array}{r} 175 \\ +\ 94 \\ \hline \end{array}$

11-2 Nombre ____________

Haz la tarea

Escribe las centenas, las decenas y las unidades.

1. 675 = 600 + 70 + 5 (C D U)
2. 519 = ____ + ____ + ____
3. 831 = ____ + ____ + ____
4. 487 = ____ + ____ + ____
5. 222 = ____ + ____ + ____
6. 765 = ____ + ____ + ____

Escribe el número.

7. 300 + 40 + 6 = 346 (C D U)
8. 100 + 60 + 2 = ____
9. 700 + 20 + 4 = ____
10. 200 + 50 + 3 = ____
11. 400 + 70 + 1 = ____
12. 800 + 80 + 8 = ____

Escribe el número que falta. Fíjate en las centenas, las decenas y las unidades. Están desordenadas.

13. ____ = 30 + 5 + 400
14. 2 + 80 + 600 = ____
15. ____ = 60 + 800 + 3
16. 900 + 7 + 40 = ____
17. ____ = 300 + 4 + 50
18. 1 + 500 + 70 = ____
19. 729 = 20 + 9 + ____
20. ____ + 6 + 200 = 296

 Nombre ____________

Recuerda

Completa la secuencia numérica. Escribe la regla.

1. 43, 39, 35, ______, ______, ______ Regla: *n* ______

2. 66, 69, 72, ______, ______, ______ Regla: *n* ______

Escribe las centenas, las decenas y las unidades.

3. 695 = ____ + ____ + ____

4. 547 = ____ + ____ + ____

Escribe el número.

5. 400 + 30 + 6 = ____

6. 700 + 80 + 1 = ____

Suma unidades, decenas o una centena.

7. 100 + 58 = ____
   10 + 58 = ____
   1 + 58 = ____

8. 3 + 100 = ____
   3 + 10 = ____
   3 + 1 = ____

Suma o resta.

9. 126 − 59

10. 93 − 45

11. 78 + 67

12. **La hora** Dibuja en una hoja aparte lo que haces a las 8:00 de la mañana. Muestra la hora en un reloj digital.

 Nombre ________

Haz la tarea

Cuenta por unidades. Escribe los números.

1. 396 397 398 399 400 401 402 403 404 405 406

2. 695 696 ___ ___ ___ ___ ___ ___ ___ ___ 705

3. 498 499 ___ ___ ___ ___ ___ ___ ___ ___ 508

4. 894 ___ ___ ___ ___ ___ ___ ___ ___ ___ 904

5. 796 ___ ___ ___ ___ ___ ___ ___ ___ ___ 806

6. 597 ___ ___ ___ ___ ___ ___ ___ ___ ___ 607

Cuenta por decenas. Escribe los números.

7. 830 840 850 860 870 880 890 900 910 920 930

8. 470 480 ___ ___ ___ ___ ___ ___ ___ ___ 570

9. 740 ___ ___ ___ ___ ___ ___ ___ ___ ___ 840

10. 380 ___ ___ ___ ___ ___ ___ ___ ___ ___ 480

11. 560 ___ ___ ___ ___ ___ ___ ___ ___ ___ 660

12. 690 ___ ___ ___ ___ ___ ___ ___ ___ ___ 790

 Nombre

Practica

Resta.

1. $\begin{array}{r} 110 \\ -\ 47 \\ \hline \end{array}$

2. $\begin{array}{r} 190 \\ -\ 95 \\ \hline \end{array}$

3. $\begin{array}{r} 106 \\ -\ 59 \\ \hline \end{array}$

4. $\begin{array}{r} 107 \\ -\ 68 \\ \hline \end{array}$

5. $\begin{array}{r} 160 \\ -\ 74 \\ \hline \end{array}$

6. $\begin{array}{r} 102 \\ -\ 36 \\ \hline \end{array}$

7. $\begin{array}{r} 140 \\ -\ 68 \\ \hline \end{array}$

8. $\begin{array}{r} 105 \\ -\ 23 \\ \hline \end{array}$

9. $\begin{array}{r} 130 \\ -\ 52 \\ \hline \end{array}$

10. $\begin{array}{r} 103 \\ -\ 98 \\ \hline \end{array}$

11. $\begin{array}{r} 108 \\ -\ 84 \\ \hline \end{array}$

12. $\begin{array}{r} 150 \\ -\ 64 \\ \hline \end{array}$

 Nombre

Haz la tarea

Suma o resta.

1. $\begin{array}{r} 46 \\ +\ 97 \\ \hline \end{array}$

2. $\begin{array}{r} 154 \\ -\ 83 \\ \hline \end{array}$

3. $\begin{array}{r} 74 \\ +\ 58 \\ \hline \end{array}$

Resuelve los problemas. **Muestra tu trabajo.**

4. Tienes 100¢ para comprar un collar. El collar cuesta 67¢. ¿Cuánto te deben dar de cambio?

   ______ ¢

5. Joy atrapó 47 insectos. Ben atrapó 56. ¿Cuántos insectos atraparon los dos niños en total?

   ______ ______
   rótulo

6. ¿Qué número se muestra?

______

7. Dibuja cuadrados, palitos y círculos para mostrar el número 348.

 Nombre ______________________

Recuerda

Debajo de las monedas, escribe la cantidad total de dinero hasta ese momento.

1.      

_____ _____ _____ _____ _____ _____ _____

Usa la tabla para responder las preguntas. Escribe los números que corresponden en las casillas. Encierra en un círculo *más* o *menos*.

Juguetes

	Camiones de juguete	Carros de juguete
Molly	85	49
Jake	68	57

2. Jake tiene ☐ camiones de juguete *más* *menos* que Molly.

3. Molly tiene ☐ carros de juguete *más* *menos* que Jake.

4. Los niños tienen ☐ camiones de juguete en total.

Cuenta por unidades.

5. 793 794 ____ ____ ____ ____ ____ ____ ____ ____ 803

Cuenta por decenas.

6. 840 850 ____ ____ ____ ____ ____ ____ ____ ____ 940

7. **La hora** Dibuja en una hoja aparte lo que haces a las 9:00 de la mañana. Dibuja la esfera de un reloj y muestra la hora.

Nombre ______________________

Haz la tarea

Resuelve los problemas.

1. Maria infló unos globos para una fiesta. Los dividió en 4 grupos de cien y 7 grupos de diez. Le sobraron 6 globos. ¿Cuántos globos infló Maria para la fiesta?

[ ] ______________________

rótulo

2. Roger tiene 5 borradores. Compró 6 paquetes de cien y 2 paquetes de diez. ¿Cuántos borradores tiene Roger en total?

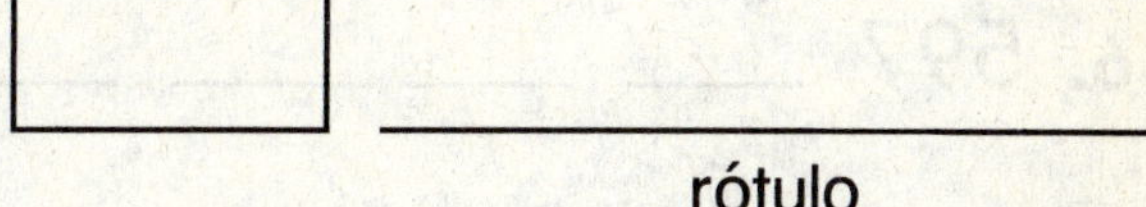

rótulo

3. Suma.

400 + 200 = ____	440 + 7 = ____	16 + 700 = ____
40 + 50 = ____	84 + 10 = ____	70 + 7 = ____
8 + 460 = ____	200 + 9 = ____	53 + 500 = ____
30 + 10 = ____	60 + 40 = ____	60 + 4 = ____
380 + 10 = ____	900 + 80 = ____	800 + 200 = ____

Practica

Cuenta por unidades. Escribe los números.

1. 399 400 401 402 403 404 405 406 407 408 409

2. 596 597 ___ ___ ___ ___ ___ ___ ___ ___ 606

3. 498 499 ___ ___ ___ ___ ___ ___ ___ ___ 508

4. 794 ___ ___ ___ ___ ___ ___ ___ ___ ___ 804

5. 891 ___ ___ ___ ___ ___ ___ ___ ___ ___ 901

6. 597 ___ ___ ___ ___ ___ ___ ___ ___ ___ 607

Cuenta por decenas. Escribe los números.

7. 330 340 350 360 370 380 390 400 410 420 430

8. 680 690 ___ ___ ___ ___ ___ ___ ___ ___ 780

9. 820 ___ ___ ___ ___ ___ ___ ___ ___ ___ 920

10. 470 ___ ___ ___ ___ ___ ___ ___ ___ ___ 570

11. 760 ___ ___ ___ ___ ___ ___ ___ ___ ___ 860

12. 690 ___ ___ ___ ___ ___ ___ ___ ___ ___ 790

Nombre ______

Haz la tarea

La máquina que cambia monedas de 25 centavos está funcionando mal hoy. Unas veces devuelve los 25 centavos exactos. Otras veces no. Escribe "Sí" si te devolvió 25 centavos. Escribe "No" si no lo hizo.

1.

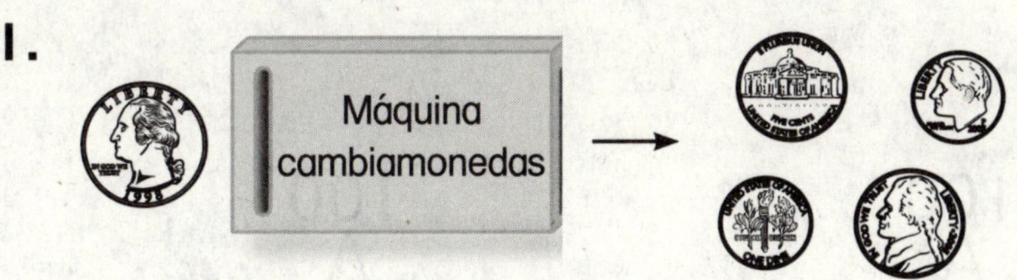

¿Devolvió 25¢? ______

2.

¿Devolvió 25¢? ______

3.

¿Devolvió 25¢? ______

4.

¿Devolvió 25¢? ______

 Nombre ____________________

Recuerda

Suma o resta.

1.

$$\begin{array}{r} 81 \\ +\ 67 \\ \hline \end{array} \qquad \begin{array}{r} 58 \\ +\ 25 \\ \hline \end{array} \qquad \begin{array}{r} 167 \\ -\ 78 \\ \hline \end{array}$$

Halla la parte desconocida.

2.

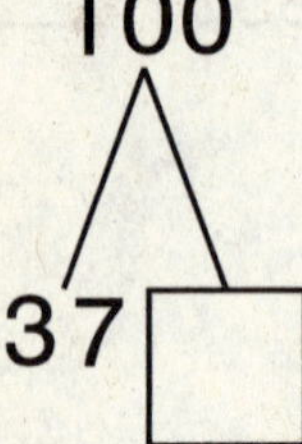

100

37 ☐

100

89 ☐

100

21 ☐

Continúa la secuencia numérica.

3. 48, 54, 60 _____, _____, _____, _____, _____ Regla: *n* _______

4. 55, 52, 49 _____, _____, _____, _____, _____ Regla: *n* _______

Resuelve.

5. La panadería tenía panecillos frescos. Contaron 5 cajas de cien panecillos y 8 cajas de diez panecillos. Tenían 3 panecillos más. ¿Cuántos panecillos tenía la panadería?

☐ _______________
rótulo

6. Noah colecciona tarjetas de béisbol. Tiene 2 cajas de cien tarjetas y 4 cajas de diez tarjetas. También tiene 9 tarjetas adicionales. ¿Cuántas tarjetas tiene Noah en total?

☐ _______________
rótulo

 Nombre ______

Haz la tarea

Escribe estas cantidades de dinero de otra manera.

1. 152¢ = $1.52 2. $4.86 = 486¢ 3. $0.06 = ______

36¢ = ______ 273¢ = ______ 5¢ = ______

$5.03 = ______ $4.57 = ______ $3.20 = ______

Cuenta por unidades.

4. 26 ___ ___ ___ ___ ___ ___ ___ ___ ___ 36

5. 597 ___ ___ ___ ___ ___ ___ ___ ___ ___ 607

Cuenta por decenas.

6. 220 ___ ___ ___ ___ ___ ___ ___ ___ ___ 320

7. 830 ___ ___ ___ ___ ___ ___ ___ ___ ___ 930

Suma.

8. $3.96 + $0.08 = $ ___.___ 9. $0.09 + $6.93 = $ ___.___

3¢ + 798¢ = ______¢ 196¢ + 6¢ = ______¢

$5.97 + $0.05 = $ ___.___ $0.07 + $2.99 = $ ___.___

494¢ + 9¢ = ______¢ 894¢ + 8¢ = ______¢

Nombre ____________________

Practica

Cuenta por unidades. Escribe los números.

1. 596 597 <u>598</u> <u>599</u> <u>600</u> <u>601</u> <u>602</u> <u>603</u> <u>604</u> <u>605</u> 606
2. 592 593 ___ ___ ___ ___ ___ ___ ___ ___ 602
3. 895 896 ___ ___ ___ ___ ___ ___ ___ ___ 905
4. 799 ___ ___ ___ ___ ___ ___ ___ ___ ___ 809
5. 491 ___ ___ ___ ___ ___ ___ ___ ___ ___ 501
6. 695 ___ ___ ___ ___ ___ ___ ___ ___ ___ 705

Cuenta por decenas. Escribe los números.

7. 630 640 <u>650</u> <u>660</u> <u>670</u> <u>680</u> <u>690</u> <u>700</u> <u>710</u> <u>720</u> 730
8. 870 880 ___ ___ ___ ___ ___ ___ ___ ___ 970
9. 790 ___ ___ ___ ___ ___ ___ ___ ___ ___ 890
10. 380 ___ ___ ___ ___ ___ ___ ___ ___ ___ 480
11. 550 ___ ___ ___ ___ ___ ___ ___ ___ ___ 650
12. 460 ___ ___ ___ ___ ___ ___ ___ ___ ___ 560

 Nombre ______

Haz la tarea

Estos son algunos alimentos del supermercado. Los precios también se muestran. Responde las siguientes preguntas.

10 perros calientes $2.49	4 barras de granola $4.25	8 mazorcas de maíz $1.58
1 docena de yogures $3.22	2 racimos de uvas $0.98	5 frascos de pepinillos $2.13

¿Cuánto cambio de $ 5.00 recibirías, si compraras estos alimentos?

$$\begin{array}{r} \$\,5.00 \\ -\;2.49 \\ \hline \$\,2.51 \end{array} \quad ó \quad \begin{array}{r} \$\,5.00 \\ -\;2.49 \\ \hline \$\,2.51 \end{array}$$

1. 10 perros calientes $ 2.51
2. 2 racimos de uvas $ ___.___
3. 8 mazorcas de maíz $ ___.___
4. 5 frascos de pepinillos $ ___.___
5. 1 docena de yogures $ ___.___
6. 4 barras de granola $ ___.___

 Nombre ____________________

Recuerda

Usa la información de la tabla para responder las preguntas.

Sándwiches vendidos en el estadio

Sándwich	Número vendido
Atún	18
Mantequilla de maní	57
Jamón	39
Pollo	83
Pavo	26

1. En total, ¿cuántos sándwiches de atún y de pavo se vendieron?

   ____

2. ¿El número total de sándwiches de pollo vendidos es igual a la suma de los totales vendidos de qué tres tipos de sándwiches?

   ____________________,

   ____________________ y

   ____________________.

3. ¿Cuántos sándwiches de pavo más deberían venderse para igualar el número de sándwiches de jamón vendidos? ____________

4. ¿Cuántos sándwiches de jamón más deberían venderse para igualar el número de sándwiches de mantequilla de maní vendidos? ____________

5. ¿Cuántos sándwiches de pollo menos deberían venderse para igualar el número de sándwiches de atún vendidos? ____________

6. ¿Cuántos sándwiches de pollo menos deberían venderse para igualar el número de sándwiches de pavo vendidos? ____________

Nombre ______

Haz la tarea

Resuelve los problemas.

1. Rita cuenta los visitantes de un museo. Contó 5 grupos de cien y 2 grupos de diez. También contó un grupo pequeño de 7. ¿Cuántos visitantes contó Rita?

   ______ ______ rótulo

2. Kay empaca botones en la fábrica de botones. Empacó 7 cajas de cien botones y 5 cajas de diez. Empacó una caja de 9 botones. ¿Cuántos botones empacó Kay?

   ______ ______ rótulo

Suma.

3. 297 + 3 = ______

   7 + 285 = ______

   5 + 143 = ______

   100 + 200 = ______

4. 98 + 9 = ______

   6 + 97 = ______

   45 + 3 = ______

   40 + 30 = ______

5. 38 + 500 = ______

   9 + 300 = ______

   295 + 9 = ______

   50 + 500 = ______

6. 200 + 200 = ______

   11 + 80 = ______

   30 + 410 = ______

   20 + 380 = ______

Nombre ______________________

Practica

Suma o resta.

1. $\begin{array}{r} 200 \\ -\ 79 \\ \hline \end{array}$

2. $\begin{array}{r} 100 \\ -\ 48 \\ \hline \end{array}$

3. $\begin{array}{r} 200 \\ -\ 87 \\ \hline \end{array}$

4. $\begin{array}{r} 100 \\ -\ 35 \\ \hline \end{array}$

5. $\begin{array}{r} 200 \\ -\ 51 \\ \hline \end{array}$

6. $\begin{array}{r} 100 \\ -\ 62 \\ \hline \end{array}$

7. $\begin{array}{r} 200 \\ +116 \\ \hline \end{array}$

8. $\begin{array}{r} 100 \\ +324 \\ \hline \end{array}$

9. $\begin{array}{r} 200 \\ +597 \\ \hline \end{array}$

10. $\begin{array}{r} 100 \\ +243 \\ \hline \end{array}$

11. $\begin{array}{r} 200 \\ +458 \\ \hline \end{array}$

12. $\begin{array}{r} 100 \\ +677 \\ \hline \end{array}$

Nombre ____________________

Haz la tarea

Resuelve los problemas.

1. Martin vendió 58 boletos para montar en la montaña rusa. Vendió 267 boletos para pasear en bote. ¿Cuántos boletos vendió Martin?

☐ ____________ rótulo

2. Justine saltó 485 veces en un pogo saltarín. Luego saltó 329 veces más cuando volvió a intentarlo. En total, ¿cuántas veces saltó?

☐ ____________ rótulo

Suma.

3. 18 + 549 = ☐

4. 190 + 89 = ☐

5. 76 + 570 = ☐

6. 75 + 656 = ☐

7. 348 + 162 = ☐

8. 407 + 394 = ☐

 Nombre ____________________

Recuerda

Completa la secuencia numérica. Escribe la regla.

1. 84, 86, 88, ________, ________, ________ Regla: *n* ________

2. 52, 46, 40, ________, ________, ________ Regla: *n* ________

3. 21, 29, 37, ________, ________, ________ Regla: *n* ________

¿Cuánto dinero se muestra aquí?

4.    = ________¢

5.  = ________¢

Halla cada parte desconocida.

6. 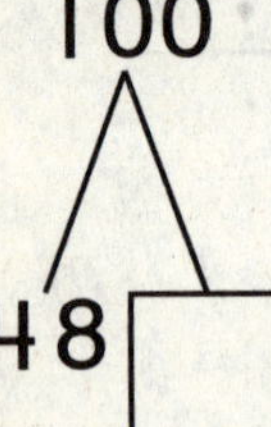
100
48 ☐

7. 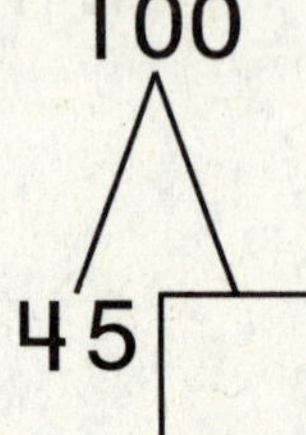
100
45 ☐

8. 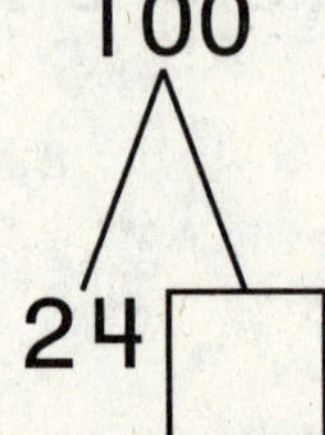
100
24 ☐

Resuelve el problema. **Muestra tu trabajo.**

9. La biblioteca tiene 180 discos compactos en su colección. Una mañana se prestaron 28 discos compactos. Por la tarde, se prestaron 56 discos más. ¿Cuántos discos compactos no se prestaron?

 ____________________

rótulo

Nombre

Haz la tarea

Suma. Usa cualquier método.

1. $2.67
+ $1.56

¿Forma una nueva decena? ______

¿Forma una nueva centena? ______

2. $4.82
+ $3.43

¿Forma una nueva decena? ______

¿Forma una nueva centena? ______

3. $2.75
+ $5.39

¿Forma una nueva decena? ______

¿Forma una nueva centena? ______

4. $6.09
+ $1.88

¿Forma una nueva decena? ______

¿Forma una nueva centena? ______

5. $2.94
+ $4.12

¿Forma una nueva decena? ______

¿Forma una nueva centena? ______

6. $3.07
+ $3.66

¿Forma una nueva decena? ______

¿Forma una nueva centena? ______

11-11 Nombre

Practica

Resuelve los problemas.

1. Penny tiene 596 paraguas en su tienda. Kamala tiene 235 paraguas en su tienda. ¿Cuántos paraguas hay en las dos tiendas?

rótulo

2. Hay 387 reglas es una caja. Ayer, Milo puso 113 reglas más en la caja. ¿Cuántas reglas hay en la caja ahora?

rótulo

3. Hay 249 hormigas subiendo por un árbol. Hay 373 hormigas en un hormiguero. ¿Cuántas hormigas hay en total?

rótulo

4. Stephanie recolectó 648 retazos de tela para hacer una gran colcha. Hoy, agregó 261 retazos. ¿Cuántos retazos tiene en total?

rótulo

Nombre ______

Haz la tarea

Suma. Usa cualquier método.

1. $\begin{array}{r} 459 \\ +267 \\ \hline \end{array}$

¿Forma una nueva decena? ______

¿Forma una nueva centena? ______

2. 187 + 374 = ______

¿Forma una nueva decena? ______

¿Forma una nueva centena? ______

3. $\begin{array}{r} 678 \\ +\ \ 15 \\ \hline \end{array}$

¿Forma una nueva decena? ______

¿Forma una nueva centena? ______

4. 635 + 92 = ______

¿Forma una nueva decena? ______

¿Forma una nueva centena? ______

5. $\begin{array}{r} 389 \\ +549 \\ \hline \end{array}$

¿Forma una nueva decena? ______

¿Forma una nueva centena? ______

6. 64 + 897 = ______

¿Forma una nueva decena? ______

¿Forma una nueva centena? ______

 Nombre ______

Recuerda

Halla cada parte desconocida.

1. 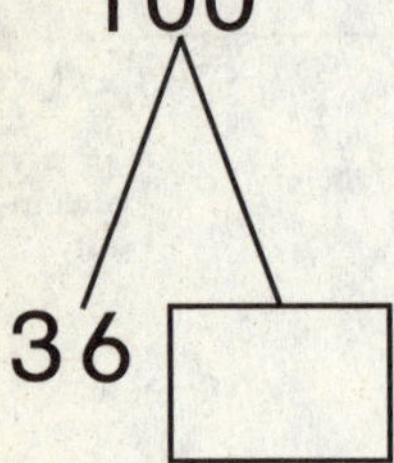

2. 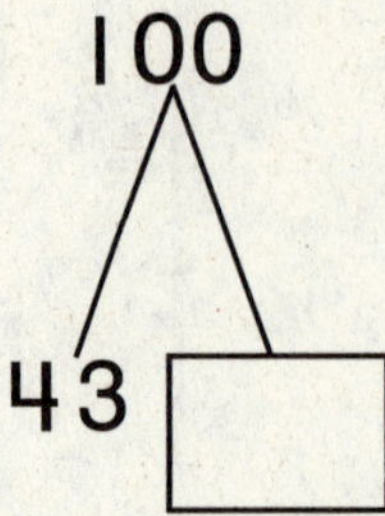

3. 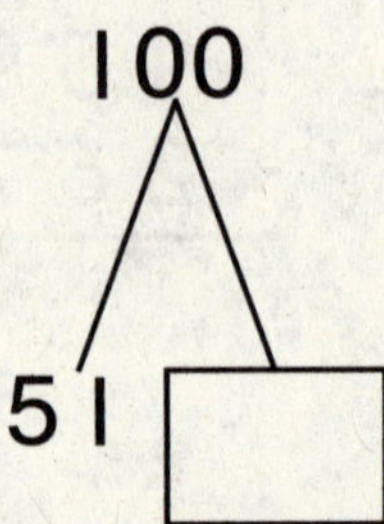

Escribe las cantidades de dinero de otra manera.
El primero ya está resuelto.

4. 528¢ = $ 5.28
   62¢ = $ 0.62
   $.07 = 7 ¢

5. $1.10 = ______ ¢
   8¢ = $ ______
   $4.90 = ______ ¢

Cuenta por decenas.

6. 540 ____ ____ ____ ____ ____ ____ ____ ____ ____ 640

7. 620 ____ ____ ____ ____ ____ ____ ____ ____ ____ 720

Suma.

8. $4.98 + $0.05 = $ ______
   5¢ + 799¢ = ______ ¢
   $6.97 + $0.09 = $ ______
   895¢ + 7¢ = ______ ¢

9. $0.07 + $5.94 = $ ______
   292¢ + 9¢ = ______ ¢
   $0.06 + $3.96 = $ ______
   193¢ + 8¢ = ______ ¢

Nombre ____________________

Haz la tarea

Suma. Usa cualquier método.

1. 114 + 286

¿Forma una nueva decena? ______

¿Forma una nueva centena? ______

2. 207 + 595

¿Forma una nueva decena? ______

¿Forma una nueva centena? ______

3. 68 + 393 = ________

¿Forma una nueva decena? ______

¿Forma una nueva centena? ______

4. 457 + 72 = ________

¿Forma una nueva decena? ______

¿Forma una nueva centena? ______

5. 328 + 235

¿Forma una nueva decena? ______

¿Forma una nueva centena? ______

6. 549 + 326

¿Forma una nueva decena? ______

¿Forma una nueva centena? ______

Nombre ______________________

Practica

Suma.

1. 176 + 217 = ____

2. 347 + 242 = ____

3. 514 + 367 = ____

4. 368 + 624 = ____

5. 224 + 374 = ____

6. 533 + 156 = ____

7. 427 + 257 = ____

8. 314 + 569 = ____

9. 348 + 239 = ____

10. 485 + 214 = ____

11. 124 + 566 = ____

12. 354 + 218 = ____

Nombre

Haz la tarea

Resuelve los problemas. Usa tu método favorito.
Haz un dibujo para comprobar si te ayuda.

1. A Ricardo le gustan las aceitunas. Tenía 100 aceitunas. Se comió 43. ¿Cuántas aceitunas le quedan?

rótulo

2. Dawn tiene 300 monedas de 1 centavo en su alcancía. Le regaló algunas a su hermana. Ahora Dawn tiene 147. ¿Cuántas monedas de 1 centavo le regaló Dawn a su hermana?

rótulo

3. Tory vende palos de hockey a los equipos en su ciudad. Tenía 500 y le vendió 353 a un equipo. ¿Cuántos palos de hockey le quedan por vender?

rótulo

4. Randy colecciona imanes. En dos años coleccionó 400 imanes. El primer año coleccionó 125. ¿Cuántos coleccionó el segundo año?

rótulo

Nombre ______________________________

Recuerda

Continúa la secuencia numérica.

1. 88, 93, 98 ____, ____, ____, ____, ____ Regla: n ____

67, 64, 61 ____, ____, ____, ____, ____ Regla: n ____

Suma.

2. \$6.92 + \$0.19 = \$____

14¢ + 388¢ = ____¢

3. \$0.07 + \$2.98 = \$____

193¢ + 8¢ = ____¢

Escribe las centenas, las decenas y las unidades.

4. 837 = ____ + ____ + ____

902 = ____ + ____ + ____

Escribe el número.

5. 300 + 40 + 8 = ____

500 + 20 + 0 = ____

Cuenta por decenas.

6. 420 ____ ____ ____ ____ ____ ____ ____ ____ ____ 520

7. 650 ____ ____ ____ ____ ____ ____ ____ ____ ____ 750

Halla cada parte desconocida.

8.

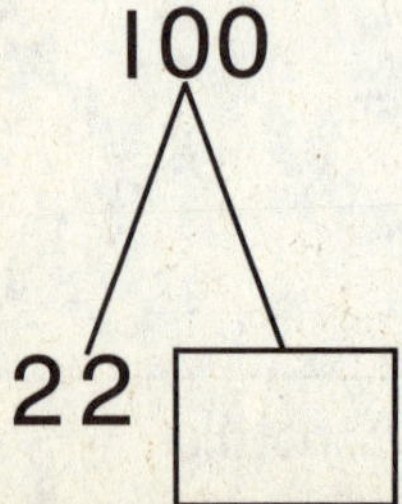

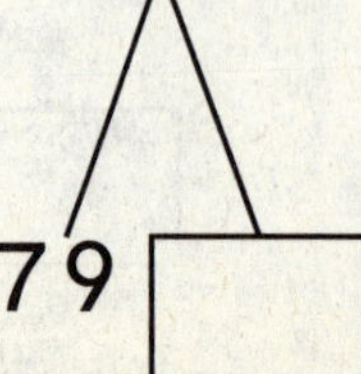

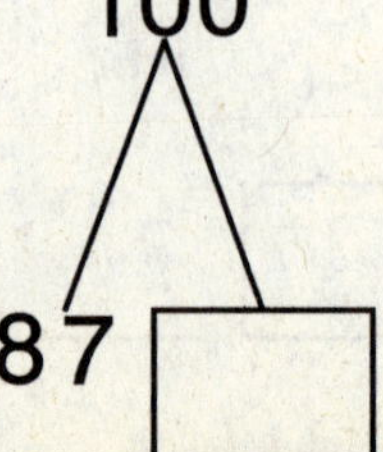

Nombre ____________________

Haz la tarea

Decide si necesitas desagrupar. Si es necesario desagrupar, dibuja una lupa que encierre los números que estás desagrupando. Luego halla la respuesta.

1. $\begin{array}{r} 730 \\ -499 \\ \hline \end{array}$

¿Debes desagrupar para obtener 10 unidades? ______

¿Debes desagrupar para obtener 10 decenas? ______

2. $\begin{array}{r} 950 \\ -639 \\ \hline \end{array}$

¿Debes desagrupar para obtener 10 unidades? ______

¿Debes desagrupar para obtener 10 decenas? ______

3. $\begin{array}{r} 300 \\ -167 \\ \hline \end{array}$

¿Debes desagrupar para obtener 10 unidades? ______

¿Debes desagrupar para obtener 10 decenas? ______

4. $\begin{array}{r} 404 \\ -188 \\ \hline \end{array}$

¿Debes desagrupar para obtener 10 unidades? ______

¿Debes desagrupar para obtener 10 decenas? ______

5. $\begin{array}{r} 420 \\ -183 \\ \hline \end{array}$

¿Debes desagrupar para obtener 10 unidades? ______

¿Debes desagrupar para obtener 10 decenas? ______

6. 502 − 149 = ______

¿Debes desagrupar para obtener 10 unidades? ______

¿Debes desagrupar para obtener 10 decenas? ______

Nombre ______________________________

Practica

Suma.

1. $\begin{array}{r} 226 \\ +\ 457 \\ \hline \end{array}$

2. $\begin{array}{r} 547 \\ +\ 332 \\ \hline \end{array}$

3. $\begin{array}{r} 424 \\ +\ 357 \\ \hline \end{array}$

4. $\begin{array}{r} 458 \\ +\ 214 \\ \hline \end{array}$

5. $\begin{array}{r} 114 \\ +\ 874 \\ \hline \end{array}$

6. $\begin{array}{r} 623 \\ +\ 256 \\ \hline \end{array}$

7. $\begin{array}{r} 537 \\ +\ 457 \\ \hline \end{array}$

8. $\begin{array}{r} 424 \\ +\ 269 \\ \hline \end{array}$

9. $\begin{array}{r} 458 \\ +\ 439 \\ \hline \end{array}$

10. $\begin{array}{r} 575 \\ +\ 324 \\ \hline \end{array}$

11. $\begin{array}{r} 234 \\ +\ 456 \\ \hline \end{array}$

12. $\begin{array}{r} 438 \\ +\ 329 \\ \hline \end{array}$

Nombre ________________

Haz la tarea

Decide si necesitas desagrupar. Si es necesario desagrupar, dibuja una lupa que encierre los números que estás desagrupando. Luego halla la respuesta.

1. $$\begin{array}{r} \$4.08 \\ -\ \$0.53 \\ \hline \end{array}$$

¿Debes desagrupar para obtener 10 unidades? ______

¿Debes desagrupar para obtener 10 decenas? ______

2. $$\begin{array}{r} \$7.10 \\ -\ \$2.28 \\ \hline \end{array}$$

¿Debes desagrupar para obtener 10 unidades? ______

¿Debes desagrupar para obtener 10 decenas? ______

3. $$\begin{array}{r} \$3.00 \\ -\ \$2.68 \\ \hline \end{array}$$

¿Debes desagrupar para obtener 10 unidades? ______

¿Debes desagrupar para obtener 10 decenas? ______

4. $$\begin{array}{r} \$2.07 \\ -\ \$0.55 \\ \hline \end{array}$$

¿Debes desagrupar para obtener 10 unidades? ______

¿Debes desagrupar para obtener 10 decenas? ______

5. $$\begin{array}{r} \$5.90 \\ -\ \$1.77 \\ \hline \end{array}$$

¿Debes desagrupar para obtener 10 unidades? ______

¿Debes desagrupar para obtener 10 decenas? ______

6. $$\begin{array}{r} \$9.03 \\ -\ \$6.33 \\ \hline \end{array}$$

¿Debes desagrupar para obtener 10 unidades? ______

¿Debes desagrupar para obtener 10 decenas? ______

Nombre ______________________

Recuerda

¿Cuánto dinero se muestra aquí?

1.        = ______ ¢

Suma o resta.

2. $\begin{array}{r} 375 \\ +246 \\ \hline \end{array}$

3. $\begin{array}{r} 546 \\ +262 \\ \hline \end{array}$

4. $\begin{array}{r} 151 \\ -\ 82 \\ \hline \end{array}$

5. $\begin{array}{r} 118 \\ -\ 65 \\ \hline \end{array}$

Completa la secuencia numérica. Escribe la regla.

6. 11, 17, 23, ______, ______, ______ Regla: *n* ______

Escribe 8 ecuaciones para la montaña matemática.

7. 223

91 132

______________________ ______________________

______________________ ______________________

______________________ ______________________

______________________ ______________________

Resta.

8. $\begin{array}{r} 400 \\ -\ 34 \\ \hline \end{array}$

9. $\begin{array}{r} 630 \\ -\ 59 \\ \hline \end{array}$

10. $\begin{array}{r} 701 \\ -\ 93 \\ \hline \end{array}$

11. $\begin{array}{r} 226 \\ -\ 37 \\ \hline \end{array}$

 Nombre ____________________

Haz la tarea

Decide si necesitas desagrupar. Si es necesario desagrupar, dibuja una lupa que encierre los números que estás desagrupando. Luego halla la respuesta.

1.

$$\begin{array}{r} 531 \\ -\,434 \\ \hline \end{array}$$

¿Debes desagrupar para obtener 10 unidades? ______

¿Debes desagrupar para obtener 10 decenas? ______

2.

$$\begin{array}{r} 579 \\ -\,296 \\ \hline \end{array}$$

¿Debes desagrupar para obtener 10 unidades? ______

¿Debes desagrupar para obtener 10 decenas? ______

3.

$$\begin{array}{r} 391 \\ -\,265 \\ \hline \end{array}$$

¿Debes desagrupar para obtener 10 unidades? ______

¿Debes desagrupar para obtener 10 decenas? ______

4. 238 − 177 = ______

¿Debes desagrupar para obtener 10 unidades? ______

¿Debes desagrupar para obtener 10 decenas? ______

5. Latoya tiene planeado manejar 572 millas en sus vacaciones. El primer día manejó 386 millas. ¿Cuántas millas más tiene que manejar?

____
rótulo

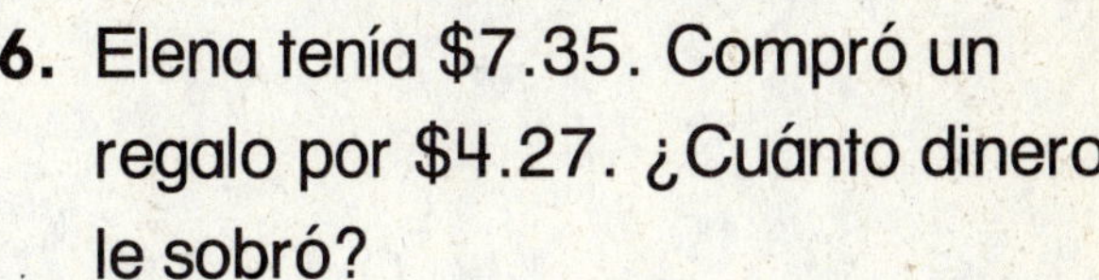

6. Elena tenía $7.35. Compró un regalo por $4.27. ¿Cuánto dinero le sobró?

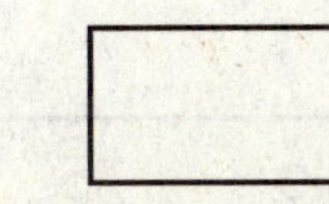

Nombre

Practica

Resuelve los problemas.

1. Carrie tiene 654 estampillas en su colección. Hector tiene 327 estampillas en su colección. ¿Cuántas estampillas hay en las dos colecciones?

rótulo

2. En una semana, Farida recorrió 569 millas en motocicleta. La semana siguiente recorrió 253 millas. ¿Cuántas millas recorrió en las dos semanas?

rótulo

3. Kuri ha leído 369 páginas de su libro. Este fin de semana, Kuri piensa leer 252 páginas. ¿Cuántas páginas habrá leído Kuri cuando termine este fin de semana?

rótulo

4. Armani ha ahorrado 283 dólares. Lita ha ahorrado 327 dólares. ¿Cuánto dinero tienen Armani y Lita en total?

rótulo

Nombre ___

Haz la tarea

Decide si necesitas desagrupar. Si es necesario desagrupar, dibuja una lupa que encierre los números que estás desagrupando. Luego, halla la respuesta.

1.
$$\begin{array}{r} 630 \\ -318 \\ \hline \end{array}$$

¿Debes desagrupar para obtener 10 unidades? ___

¿Debes desagrupar para obtener 10 decenas? ___

2.
$$\begin{array}{r} 931 \\ -845 \\ \hline \end{array}$$

¿Debes desagrupar para obtener 10 unidades? ___

¿Debes desagrupar para obtener 10 decenas? ___

3.
$$\begin{array}{r} 407 \\ -274 \\ \hline \end{array}$$

¿Debes desagrupar para obtener 10 unidades? ___

¿Debes desagrupar para obtener 10 decenas? ___

4.
$$\begin{array}{r} 498 \\ -276 \\ \hline \end{array}$$

¿Debes desagrupar para obtener 10 unidades? ___

¿Debes desagrupar para obtener 10 decenas? ___

5. Jamal tenía 590 palitos planos. Utilizó 413 palitos planos para hace un edificio. ¿Cuántos palitos planos le quedaron?

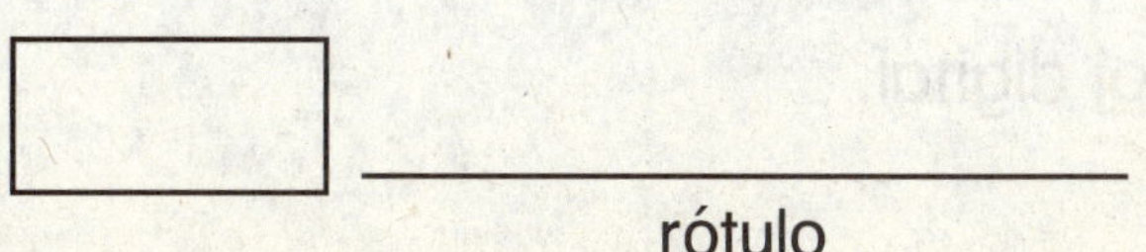

rótulo

6. Clare y su familia están manejando para ir a las montañas Blue Valley. Las montañas Blue Valley están a 290 millas de su casa. Han manejado 184 millas. ¿Cuántas millas más les faltan por recorrer?

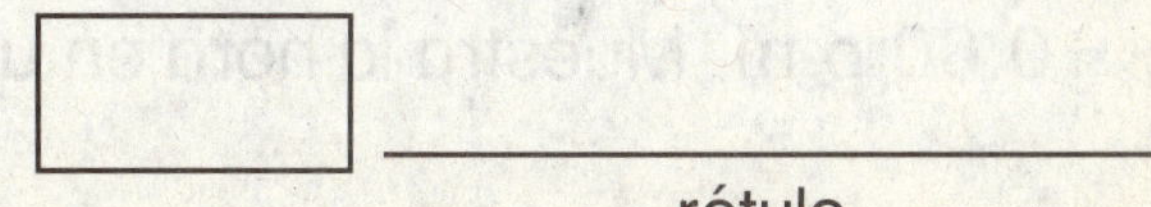

rótulo

Nombre ______________________

Recuerda

Completa las tablas de dinero.

1.

49¢		
Q		= ¢
D	1	= 10¢
N		= ¢
P		= ¢
		¢

2.

72¢		
Q	2	= 50¢
D		= ¢
N		= ¢
P	2	= ¢
		¢

3.

65¢		
Q		= ¢
D		= ¢
N		= ¢
P	0	= 0¢
		¢

En el mercado se vende fruta fresca. La tabla indica cuánta fruta vendieron esta semana.

Fruta fresca vendida en la semana

Limones	200
Manzanas	680
Plátanos	450

4. ¿Cuántos limones menos que plátanos se vendieron en el mercado?

____

5. ¿Cuántas manzanas más que plátanos se vendieron en el mercado?

____

6. ¿Cuántos limones menos que manzanas se vendieron en el mercado?

____

7. La hora Dibuja en una hoja aparte lo que haces a las 10:00 p.m. Muestra la hora en un reloj digital.

Nombre

Haz la tarea

Decide si necesitas sumar o restar. Luego resuelve los problemas.

1. $\begin{array}{r} 184 \\ +433 \\ \hline \end{array}$

2. $\begin{array}{r} 552 \\ -399 \\ \hline \end{array}$

3. $\begin{array}{r} 328 \\ -119 \\ \hline \end{array}$

4. $\begin{array}{r} 288 \\ +294 \\ \hline \end{array}$

5. 967 − 548 = ______

6. 474 − 355 = ______

Nombre

Practica

Resta.

1. $\begin{array}{r} 391 \\ -265 \\ \hline \end{array}$

2. $\begin{array}{r} 648 \\ -156 \\ \hline \end{array}$

3. $\begin{array}{r} 925 \\ -583 \\ \hline \end{array}$

4. $\begin{array}{r} 362 \\ -171 \\ \hline \end{array}$

5. $\begin{array}{r} 652 \\ -234 \\ \hline \end{array}$

6. $\begin{array}{r} 774 \\ -258 \\ \hline \end{array}$

Nombre

Haz la tarea

Resuelve los problemas.

1. La mamá de Abigail le dio unas zanahorias para que las vendiera en la feria estatal. Luego Abigail recogió 367 más del huerto. Ahora Abigail tiene 825 zanahorias para vender. ¿Cuántas zanahorias le dio su mamá?

rótulo

2. Stanley, el tendero, tenía muchos champiñones. Vendió 679 en la mañana. Ahora le quedan 244 para vender. ¿Cuántos champiñones tenía Stanley al principio?

rótulo

3. Carmen tiene 347 lebistes en su pecera. Peter debe regalar 156 lebistes para tener el mismo número que Carmen. ¿Cuántos lebistes tiene Peter en su pecera?

rótulo

4. Stanley compró 283 bolsas de harina para su tienda. Ted necesita 148 bolsas de harina para tener la misma cantidad que Stanley. ¿Cuántas bolsas de harina tiene Ted?

rótulo

 Nombre ____________________

Recuerda

Suma o resta.

1. $\begin{array}{r} 504 \\ +\ 399 \\ \hline \end{array}$ $\quad$ $\begin{array}{r} 962 \\ -\ 775 \\ \hline \end{array}$ $\quad$ $\begin{array}{r} \$4.73 \\ -\ \$2.58 \\ \hline \end{array}$

Escribe las centenas, las decenas y las unidades.

2. 382 = ______ + ______ + ______

738 = ______ + ______ + ______

Escribe el número.

3. 90 + 0 + 400 = ______

6 + 500 + 10 = ______

Resuelve los problemas.

4. Hay 198 personas en el avión. El resto está esperando para abordar. Hay 347 personas en total. ¿Cuántas personas están esperando para abordar?

[ ] ____________________
rótulo

5. Colby está practicando fútbol americano. Esta mañana pateó la pelota 168 veces. En la tarde pateó la pelota 207 veces. ¿Cuántas veces pateó la pelota hoy?

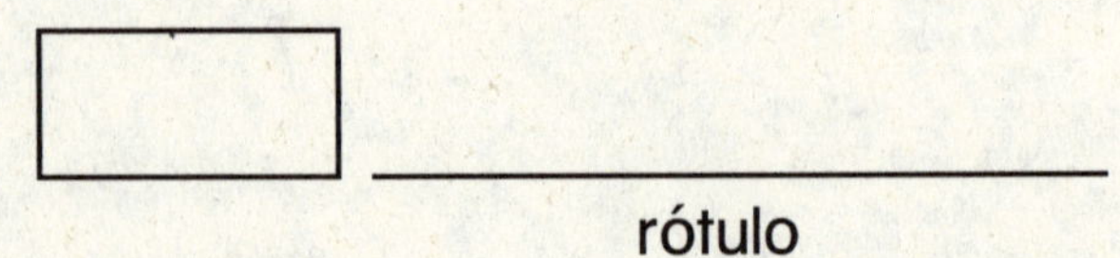

rótulo

6. La hora Dibuja en una hoja aparte lo que haces a las 6:00 de la mañana. Dibuja la esfera de un reloj y muestra la hora.

Nombre ____________________

Haz la tarea

Resuelve los problemas.

1. Mario compró 644 vasos de plástico. Le dio 337 a su maestra de arte. ¿Cuántos vasos le quedaron?

   ☐ ____________________ rótulo

2. Joel colecciona tarjetas de béisbol. Tenía 568 tarjetas. Luego compró 329 más en una venta de garaje. ¿Cuántas tarjetas tiene ahora?

   ☐ ____________________ rótulo

3. Un pájaro juntó 392 palitos para hacer un nido. Luego juntó 165 más. ¿Cuántos palitos juntó el pájaro?

   ☐ ____________________ rótulo

4. En la biblioteca de la escuela hay 765 libros. 259 son libros de pasta blanda, y el resto son de pasta dura. ¿Cuántos libros de pasta dura hay en la biblioteca?

   ☐ ____________________ rótulo

Nombre

Practica

Resuelve los problemas.

1. Algunos niños tenían 458 pasas. Les dio hambre y se comieron algunas. Ahora les quedan 285. ¿Cuántas pasas se comieron?

rótulo

2. Tom colecciona rocas. Anoche fue a la playa y halló 329 rocas. Esta mañana halló 468 rocas. ¿Cuántas rocas halló en total?

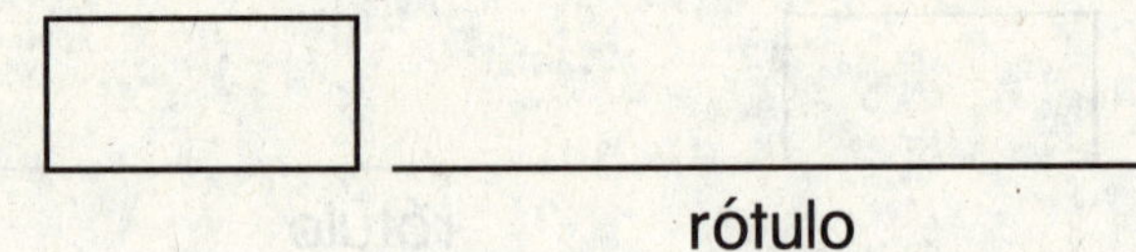

rótulo

3. Sarah tenía 285 cerezas. Luego compró 364 cerezas más. ¿Cuántas cerezas tiene en total?

rótulo

4. Noella tiene 563 canicas. Soniah tiene 255. ¿Cuántas canicas más tiene Noella que Soniah?

rótulo

Nombre ______________________

Haz la tarea

Instrucciones para resolver el crucigrama de la página 264.

1. Primero colorea los 7 cuadrados punteados. Estas son las casillas “libres”. Son parte de la solución del crucigrama.
2. Resuelve uno de los siguientes problemas. Luego halla la respuesta en la cuadrícula del crucigrama. Coloréala.
3. Resuelve correctamente las 17 preguntas. Colorea las 17 respuestas correctas en las piezas del crucigrama.
4. Escribe el nombre del dibujo oculto. Es un(a) ______________.

$\begin{array}{r} 533 \\ +288 \\ \hline \end{array}$ $\begin{array}{r} 746 \\ -517 \\ \hline \end{array}$ $\begin{array}{r} 675 \\ +249 \\ \hline \end{array}$ $\begin{array}{r} 854 \\ -437 \\ \hline \end{array}$

$\begin{array}{r} 662 \\ -398 \\ \hline \end{array}$ $\begin{array}{r} 717 \\ +175 \\ \hline \end{array}$ $\begin{array}{r} 808 \\ -232 \\ \hline \end{array}$ $\begin{array}{r} 453 \\ +390 \\ \hline \end{array}$

$\begin{array}{r} 689 \\ +129 \\ \hline \end{array}$ $\begin{array}{r} 926 \\ -843 \\ \hline \end{array}$ $\begin{array}{r} 591 \\ +349 \\ \hline \end{array}$ $\begin{array}{r} 580 \\ -445 \\ \hline \end{array}$

$\begin{array}{r} 813 \\ -116 \\ \hline \end{array}$ $\begin{array}{r} 386 \\ +371 \\ \hline \end{array}$ $\begin{array}{r} 754 \\ -469 \\ \hline \end{array}$ $\begin{array}{r} 574 \\ +209 \\ \hline \end{array}$ $\begin{array}{r} 372 \\ -187 \\ \hline \end{array}$

Nombre ______________________________

Haz la tarea

Busca en la página 263 las instrucciones para resolver el crucigrama.

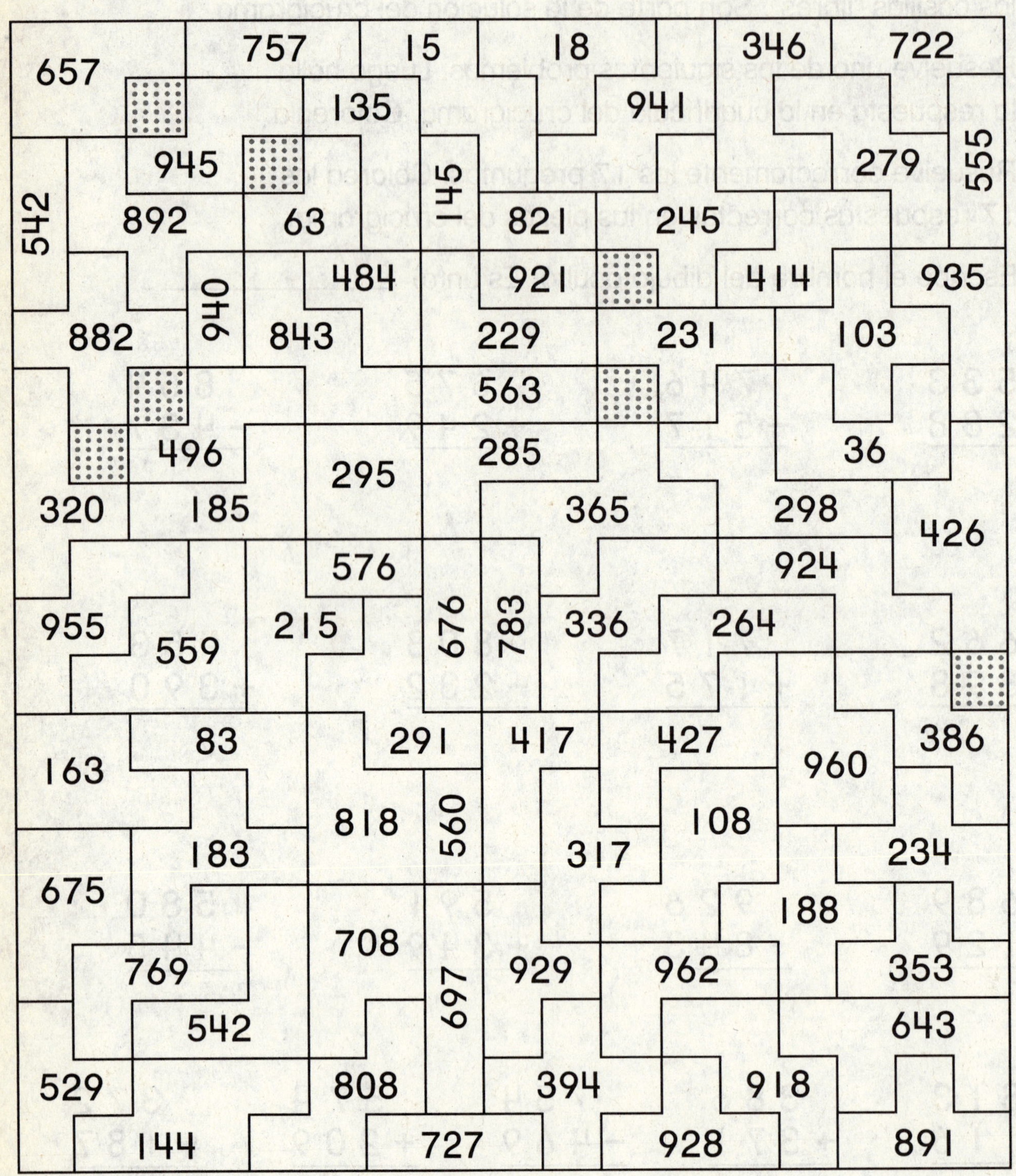

Nombre ______________________

Haz la tarea

1. Usa figuras para crear un patrón. Dibuja tu patrón aquí.

2. Usa letras para describir tu patrón.

____

3. Eliana compró un juguete por $4.32. Pagó con un billete de $10. Explica por qué su cambio será mayor que $5.

____

____

____

____

4. Yoshiro tiene $6. Quiere comprar un juguete que cuesta $1.98 y otro juguete que cuesta $3.75. Explica cómo Yoshiro puede saber si tiene suficiente dinero para comprar los juguetes, pero sin sumar $1.98 y $3.75.

____

____

____

____

5. ¿Falso o verdadero? Las figuras semejantes también son congruentes.

Encierra en un círculo la respuesta. Verdadero Falso

Da un ejemplo para respaldar tu respuesta.

 Nombre ______

Recuerda

Suma o resta.

1.
$$\begin{array}{r} 306 \\ +\ 499 \\ \hline \end{array} \qquad \begin{array}{r} 731 \\ -\ 264 \\ \hline \end{array} \qquad \begin{array}{r} \$5.64 \\ -\ \$2.38 \\ \hline \end{array}$$

Escribe las centenas, las decenas y las unidades.

2. 471 = ____ + ____ + ____

569 = ____ + ____ + ____

La tabla muestra el número de días que faltan para el cumpleaños de cada niño. Usa la tabla para responder los Ejercicios 3 a 5.

Días que faltan para mi cumpleaños

Nombre	Número de días
Linda	200
Lupe	176
Chung	302

3. ¿Quién tiene que esperar más tiempo para su cumpleaños? ______

4. ¿Cuántos días más tiene que esperar Chung que Linda? ______

5. ¿Cuántos días menos tiene que esperar Lupe que Linda? ______

6. **La hora** Dibuja en una hoja aparte lo que haces a las 3:00 de la tarde. Dibuja la esfera de un reloj y muestra la hora.

12–1 Nombre

Haz la tarea

1. Completa la tabla. Estima la altura de seis personas, mascotas u objetos. Halla la altura real. Si es necesario, redondea las medidas al centímetro más cercano. Luego, calcula la diferencia entre tu estimación y la medida real.

Persona, mascota u objeto	Altura estimada (cm)	Altura real (cm)	Diferencia entre la estimación y la altura real (cm)

2. **En la siguiente página** Escribe dos preguntas sobre los datos que reuniste. Responde tus preguntas.

Nombre

 Nombre ______________________________

Haz la tarea

Mide cuatro objetos rectangulares usando tu regla de papel de un metro. Incluye por lo menos dos objetos que tengan medidas mayores de 100 cm. Para cada objeto, escribe una pista sobre su color, forma, ubicación o uso. Pide a la persona que te ayuda con la tarea que adivine cada uno de tus objetos.

1. La altura del objeto es ______________ cm.

   El ancho del objeto es ______________ cm.

   Pista: ____

   ____

2. La altura del objeto es ______________ cm.

   El ancho del objeto es ______________ cm.

   Pista: ____

   ____

3. La altura del objeto es ______________ cm.

   El ancho del objeto es ______________ cm.

   Pista: ____

   ____

4. La altura del objeto es ______________ cm.

   El ancho del objeto es ______________ cm.

   Pista: ____

   ____

5. **En la siguiente página** Utiliza tu regla de papel de un metro para medir la altura de una o más personas en tu familia. Haz una lista con el nombre de cada miembro de la familia y su altura.

Nombre

12–3 Nombre ______

Haz la tarea

Resuelve los problemas. Encierra en un círculo *sí* o *no*. **Muestra tu trabajo.**

1. La altura de la ventana del dormitorio de Juan es 2 m 3 dm. Juan halló unas cortinas de 203 cm de largo. ¿Son las cortinas suficientemente largas?

   Sí No ¿Por qué?

   ______

   ______

2. Max necesita $2.50 para comprar tarjetas de cumpleaños para sus dos primos gemelos. Tiene 1 dólar, 9 monedas de 10 centavos y 7 monedas de 1 centavo. ¿Tiene suficiente dinero?

   Sí No ¿Por qué?

   ______

   ______

3. Jack dice que es más alto que Taci. Jack mide 11 dm 3 cm de alto. Taci mide 1 m 1 dm de alto. ¿Es más alto Jack que Taci?

   Sí No ¿Por qué?

   ______

   ______

4. **En la siguiente página** Mide tres objetos, cada uno con una altura mayor a 100 cm. Escribe cada medida en centímetros. Luego, escribe las medidas equivalentes en metros, decímetros y centímetros.

Nombre

Nombre ______________________

Haz la tarea

1. Responde las preguntas. Haz un dibujo si es necesario.

¿Cuántas monedas de 10 centavos hay en 2 dólares? ______

¿Cuántas monedas de 1 centavo hay en 3 monedas de diez centavos? ______

¿Cuántas unidades hay en 2 decenas? ______

¿Cuántas decenas hay en 2 centenas? ______

¿Cuántos decímetros hay en 2 metros? ______

¿Cuántos centímetros hay en 2 metros? ______

¿Cuántas monedas de 1 centavo hay en 3 dólares? ______

¿Cuántas unidades hay en 4 decenas? ______

2. Escribe los números.

3 m 4 dm 7 cm = ______ dm 7 cm = ______ cm	____ m ____ dm ____ cm = 36 dm 4 cm = ______ cm	____ m ____ dm ____ cm = 65 dm 6 cm = ______ cm
2 m 7 dm 1 cm = ______ dm 1 cm = ______ cm	____ m ____ dm ____ cm = 43 dm 8 cm = ______ cm	$2.48 = ____ monedas de 10 centavos ____ monedas de 1 centavo = ______ monedas de 1 centavo

$6.10 = ____ monedas de 10 centavos ____ monedas de 1 centavo = ______ monedas de 1 centavo	$____. ______ = ____ monedas de 10 centavos ____ monedas de 1 centavo = 325 monedas de 1 centavo

3. En la siguiente página Dibuja un segmento de 10 cm de largo. Rotula su longitud en decímetros. Dibuja otro segmento de 2 dm de longitud. Rotula su longitud en centímetros.

Nombre ____________________

Nombre ______________________

Haz la tarea

¿Son las siguientes figuras de 2 dimensiones (2-D) o de 3 dimensiones (3-D)?

1. 

____

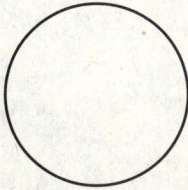

2. 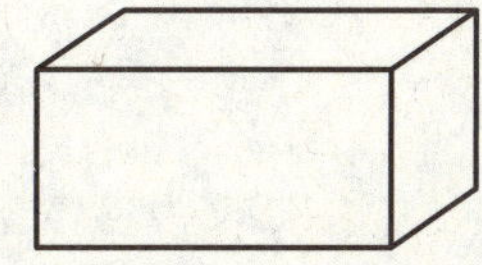

____

3. 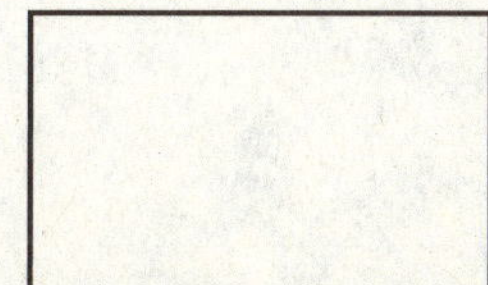

____

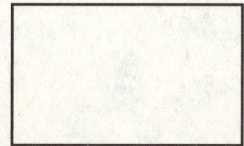

Dibuja la vista de arriba, de frente y de lado de cada prisma rectangular.

4. 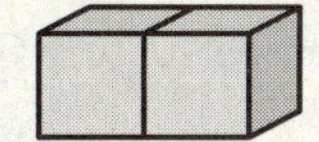

de arriba	de frente	de lado

5. 

de arriba	de frente	de lado

Halla el volumen de cada figura de 3 dimensiones.

6. 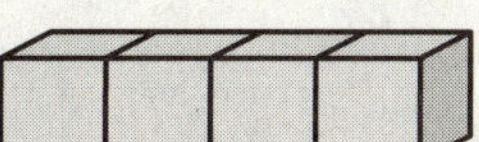

________ unidades cúbicas

7. 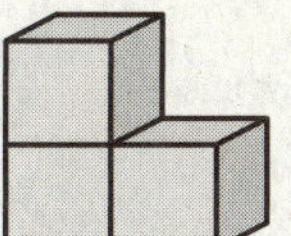

________ unidades cúbicas

8. 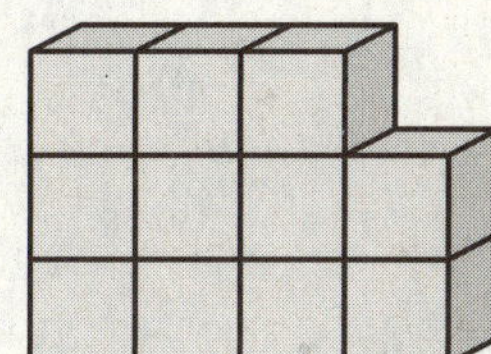

________ unidades cúbicas

9. **En la siguiente página** Halla un prisma rectangular en tu casa. Traza o dibuja la vista de arriba, de frente y de lado.

Nombre ______________________

Nombre

Haz la tarea

1. Describe las semejanzas y diferencias entre cada par de figuras.

Figuras	En qué se parecen estas figuras	En qué se diferencian estas figuras

cubo esfera cilindro cono prisma rectangular pirámide rectangular

2. Usa un diagrama de Venn para clasificar estas figuras en dos grupos: figuras que se pueden apilar y figuras que se pueden trasladar. Escribe los nombres de las figuras en el diagrama de Venn.

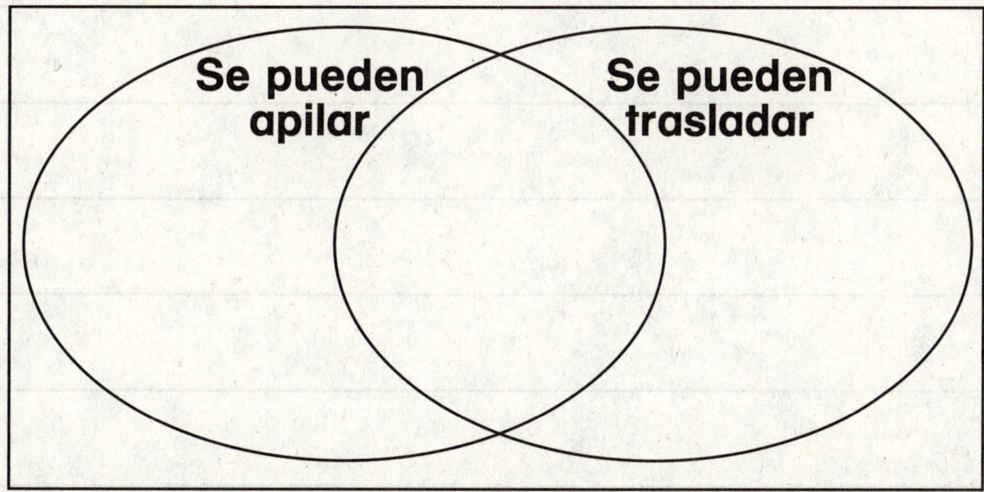

3. **En la siguiente página** Busca figuras de 3 dimensiones en tu casa o en tu vecindario. Dibuja los objetos que halles y describe para qué se usan.

13-1 Nombre ______

Haz la tarea

Cuenta de dos en dos. Luego multiplica.

1. Los cuernos de un toro

2 4 6 8 $4 \times 2 =$ 8

2. Los ojos de un osito de peluche

____ ____ $2 \times 2 =$ ____

3. Corazones en un obsequio de San Valentín

____ ____ ____ ____ ____ ____ $6 \times 2 =$ ____

4. Las hojas de una rama de acebo

____ ____ ____ ____ ____ ____ ____ ____ ____ $9 \times 2 =$ ____

5. Las ruedas de una bicicleta

____ ____ ____ ____ ____ $5 \times 2 =$ ____

Nombre ____________________

Practica

Resta. Desagrupa si es necesario.

1. $\begin{array}{r} 592 \\ -475 \\ \hline \end{array}$

2. $\begin{array}{r} 635 \\ -464 \\ \hline \end{array}$

3. $\begin{array}{r} 417 \\ -246 \\ \hline \end{array}$

4. $\begin{array}{r} 773 \\ -527 \\ \hline \end{array}$

5. 846 − 584 = ______

6. 934 − 417 = ______

 Nombre ____________________

Haz la tarea

Cuenta de tres en tres. Luego multiplica.

1. Flores en un tallo

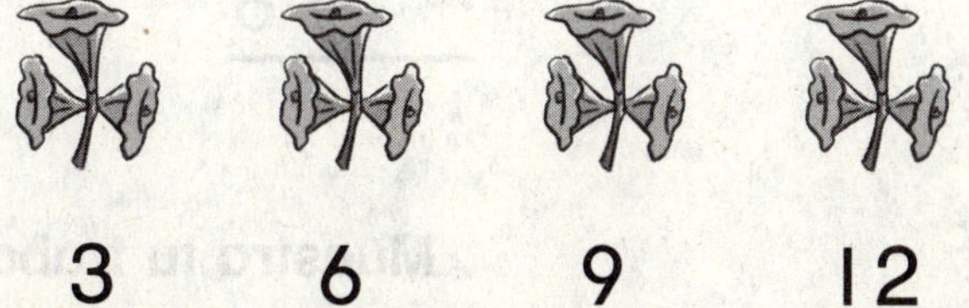

3 6 9 12 $4 \times 3 =$ 12

2. Fresas en un plato

____ ____ ____ $3 \times 3 =$ ____

3. Los lados de un triángulo

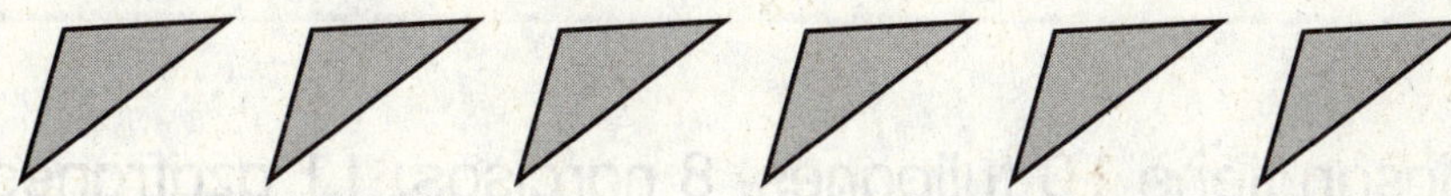

____ ____ ____ ____ ____ ____ $6 \times 3 =$ ____

4. Crayolas en un grupo

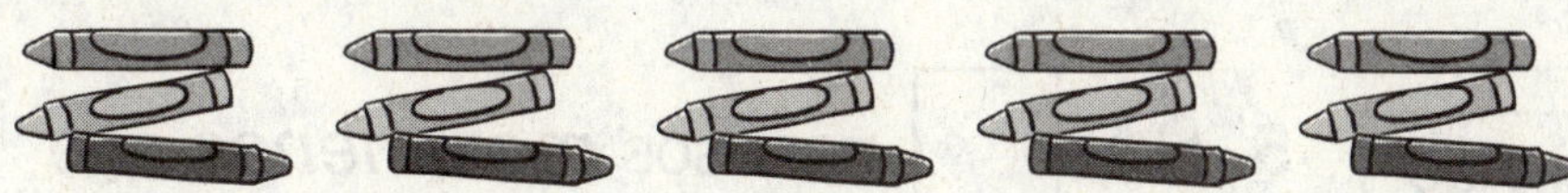

____ ____ ____ ____ ____ $5 \times 3 =$ ____

5. Artículos en un conjunto de juguetes para la playa

____ ____ ____ ____ ____ ____ ____ $7 \times 3 =$ ____

Nombre ______

Recuerda

Suma o resta.

1. $\begin{array}{r} 415 \\ +191 \\ \hline \end{array}$

2. $\begin{array}{r} 754 \\ +187 \\ \hline \end{array}$

3. $\begin{array}{r} 501 \\ -\ 48 \\ \hline \end{array}$

Resuelve los problemas.

Muestra tu trabajo.

4. Hay 5 camiones. Cada camión lleva 2 troncos de árbol. ¿Cuántos troncos hay en total?

$2 + 2 + 2 + 2 + 2 =$ ______

$5 \times 2 =$ ______

☐ ______
rótulo

El jardín de la escuela Mason tiene 10 tulipanes, 8 narcisos, 11 azafranes y 6 campanillas de invierno. Haz una tabla para mostrar lo anterior. Luego responde las preguntas. Encierra en un círculo *más* o *menos*. Pon un título en la parte superior de tu tabla.

______

	Número de flores

5. Hay ☐ narcisos *más menos* que azafranes en el jardín de la escuela Mason.

6. Hay ☐ tulipanes *más menos* que narcisos en el jardín de la escuela Mason.

7. La escuela tiene que sembrar ☐ campanillas de invierno más para tener la misma cantidad que tulipanes.

13–3 Nombre ______________________

Haz la tarea

Cuenta de cuatro en cuatro. Luego multiplica.

1. Las alas de una libélula

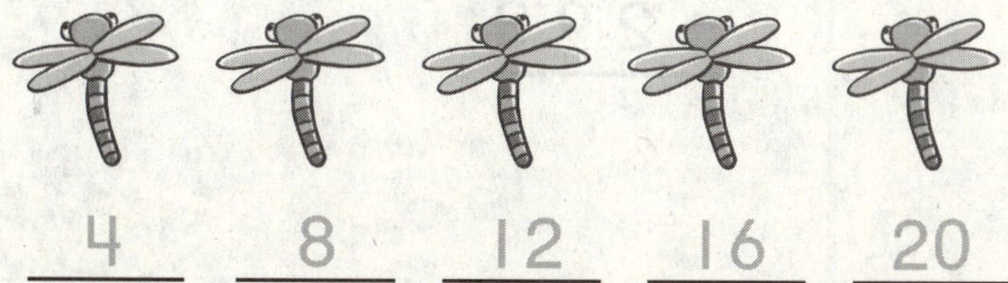

4 8 12 16 20

$5 \times 4 =$ 20

2. Los lados de un rectángulo

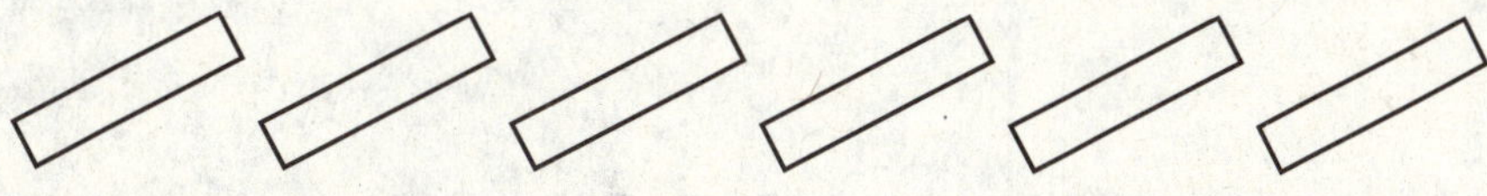

____ ____ ____ ____ ____ ____

$6 \times 4 =$ ____

3. Las patas de una jirafa

____ ____ ____ ____

$4 \times 4 =$ ____

4. Pescados en una sartén

____ ____ ____ ____ ____

$5 \times 4 =$ ____

5. Manzanas en un plato

____ ____ ____ ____ ____ ____ ____ ____

$8 \times 4 =$ ____

Nombre ______________________

Practica

Resta.

1. $\begin{array}{r} 724 \\ -358 \\ \hline \end{array}$

2. $\begin{array}{r} 642 \\ -293 \\ \hline \end{array}$

3. $\begin{array}{r} 663 \\ -474 \\ \hline \end{array}$

4. $\begin{array}{r} 972 \\ -389 \\ \hline \end{array}$

5. $\begin{array}{r} 842 \\ -567 \\ \hline \end{array}$

6. $\begin{array}{r} \$5.25 \\ -\$2.38 \\ \hline \end{array}$

 Nombre ______________________

Haz la tarea

Cuenta de cinco en cinco. Luego multiplica.

1. Guisantes en una vaina

____ ____ ____ ____ $4 \times 5 =$ ______

2. Los brazos de una estrella de mar

____ ____ ____ ____ ____ ____ ____ ____ ____

$9 \times 5 =$ ______

3. Hojas en una rama

____ ____ ____ ____ ____ ____ ____ $7 \times 5 =$ ______

4. Haz un jardín de 5×6 ó 6×5.
Dibuja un frijol en cada cuadrado.
¿Cuántos frijoles hay?

5×6 ó

$6 \times 5 =$ ______

Nombre ______

Recuerda

1. ¿Cuántos frijoles hay sembrados en este jardín?

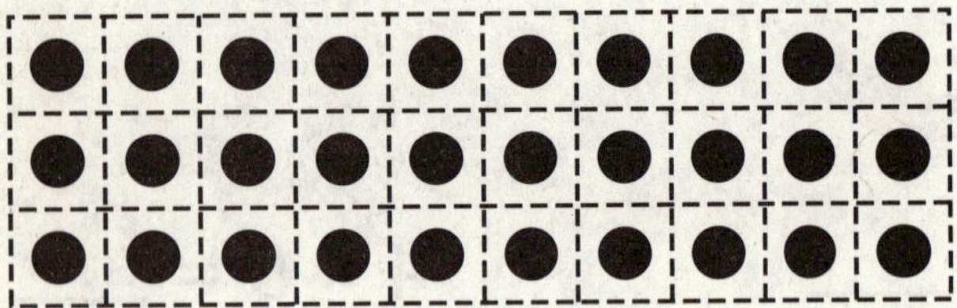

____ × ____ ó

____ × ____ = ____

2. Completa la tabla de dinero.

68¢			
Q		=	____ ¢
D	3	=	____ ¢
N		=	____ ¢
P	3	=	3¢
		=	____ ¢

3. Escribe 8 ecuaciones para la montaña matemática.

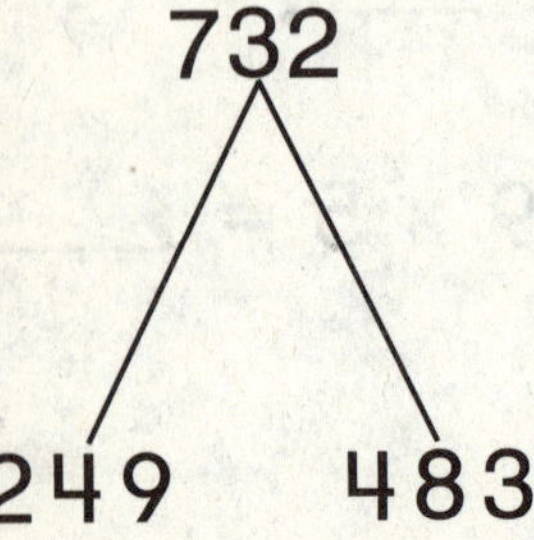

Resuelve los problemas.

4. Los niños juntaron 542 abrigos y las niñas juntaron 368 abrigos para la colecta de ropa. ¿Cuántos abrigos más juntaron los niños que las niñas?

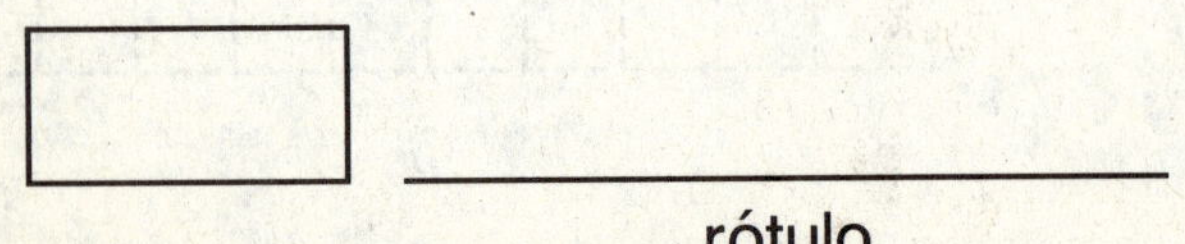

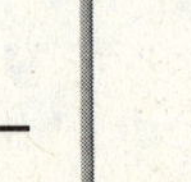

5. El señor Jones tiene 236 melones para vender en la feria. Ya vendió 129. ¿Cuántos melones más tiene que vender?

____ rótulo

Nombre ______________________________

Haz la tarea

1. ¿Cuántos manzanos hay en este huerto? Escribe los números salteados de cuatro en cuatro y el total.

____ ____ ____ ____ ____ ____ ____

______ × ______ ó

______ × ______ = ______

2. Haz una matriz de 32 árboles. Escribe la multiplicación.

______ × ______ u

______ × ______ = ______

Nombre ______________________________

Practica

Resuelve los problemas. Escribe los números salteados y el total.

1. Las hojas en un trébol

_____ _____ _____ _____ _____ _____ _____ _____ _____

$9 \times 3 =$ _____

2. ¿Cuántas fresas hay en este envase?
Escribe los números salteados de cuatro en cuatro y el total.

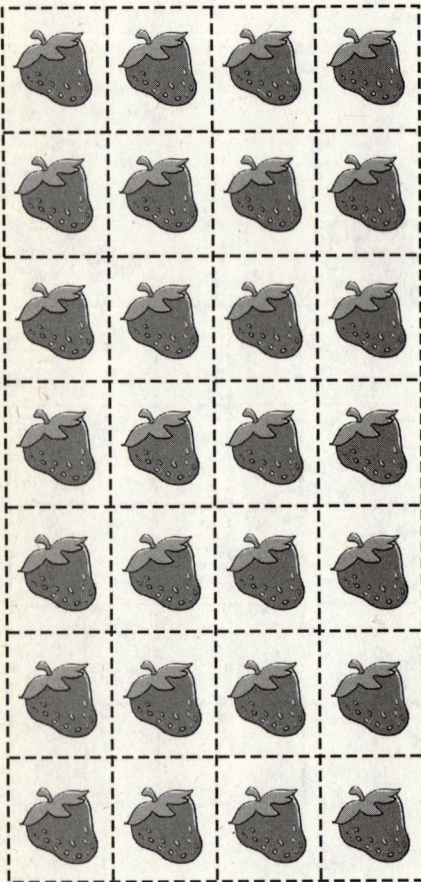

_____ × _____ ó
_____ × _____ = _____

_____ _____ _____ _____ _____ _____ _____

Nombre ______________________

Haz la tarea

Dibuja tus respuestas. También escribe los números.

1. Valeria tiene **dos veces** el número de galletas que Brian.

   Valeria tiene ________.

   Brian tiene ________.

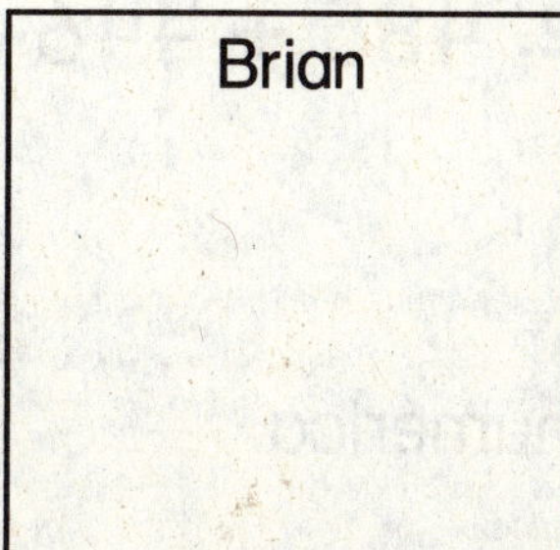

Valeria

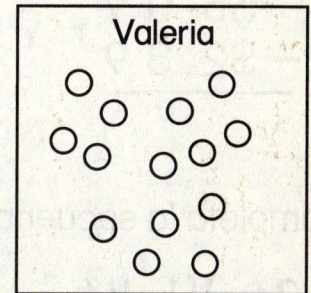

2. Nuestra escuela tiene el **doble** de los maestros que tiene la escuela Grant.

   Nuestra escuela tiene ________.

   La escuela Grant tiene ________.

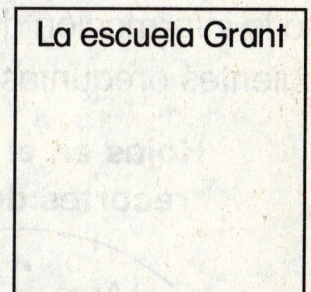

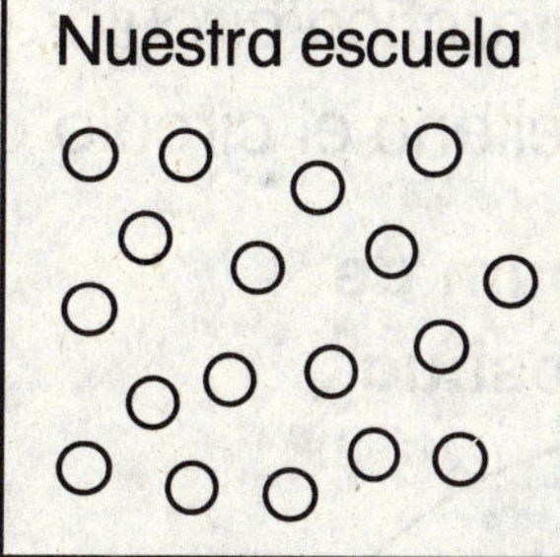

La escuela Grant

3. Fluffy y Muffy tienen **porciones iguales** de bocadillos para perro.

   Fluffy tiene ________.

   Muffy tiene ________.

Fluffy

4. La calle Principal tiene la **mitad** de los semáforos que tiene la calle Primera.

   En la calle Principal hay ________.

   En la calle Primera hay ________.

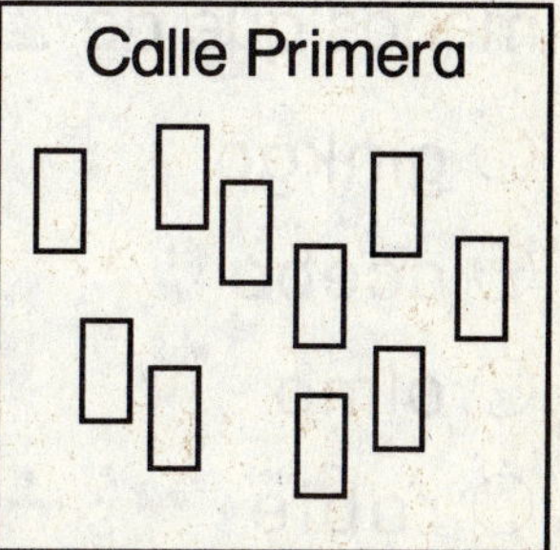

 Nombre ____________________

Recuerda

Suma o resta.

1. $5.09
 − $2.39
 ______

2. 485 + 446 = ______

Completa la secuencia numérica.

3. 36, 41, 46 ____, ____, ____, ____, ____ Regla: *n* ______

Usa la información de la gráfica circular para responder las siguientes preguntas. Rellena el círculo de la respuesta correcta.

Hojas en el álbum de recortes de Joshua

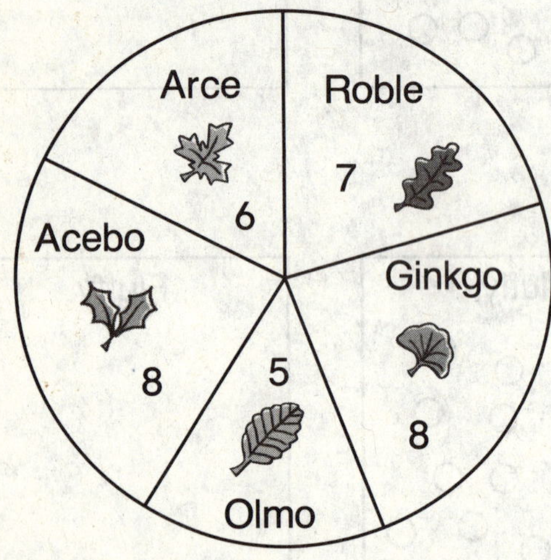

4. Joshua tiene la misma cantidad de hojas de ginkgo y olmo que de ____________ y ____________.

○ arce y roble
○ acebo y arce
○ olmo y roble
○ ginkgo y arce

5. Joshua tiene 1 hoja de arce menos que de ____________.

○ ginkgo
○ acebo
○ olmo
○ roble

6. Joshua tiene 3 hojas de acebo más que de ____________.

○ roble
○ olmo
○ arce
○ ginkgo

7. Escribe en una hoja aparte un problema que puedas resolver en dos pasos. Luego resuélvelo.

 Nombre ______

Haz la tarea

Usa monedas de 1 centavo para representar cada problema.

1. Hay 8 marcadores. Hay 4 amigos.
   ¿Cómo pueden compartir los marcadores equitativamente?

   ______ grupos de ______

2. Hay 18 adhesivos. Hay 3 niños.
   ¿Cómo pueden compartir los adhesivos equitativamente?

   ______ grupos de ______

3. Hay 24 adhesivos. Hay 6 niños.
   ¿Cómo pueden compartir los adhesivos equitativamente?

   ______ grupos de ______

Resuelve. Usa la resta repetida.

4. ¿Cuántas veces puedes restar 3 de 21?

   21 − 3 = ___
   ___ − 3 = ___
   ___ − 3 = ___
   ___ − 3 = ___
   ___ − 3 = ___
   ___ − 3 = ___
   ___ − 3 = ___

   El número de veces que puedes restar 3 es ______.

   21 ÷ 3 = ______

5. 12 ÷ 3 = ______ 6. 25 ÷ 5 = ______ 7. 16 ÷ 8 = ______

8. 15 ÷ 3 = ______ 9. 24 ÷ 8 = ______ 10. 16 ÷ 4 = ______

 Nombre ______

Recuerda

Suma o resta.

1. $7.09 − $3.67

2. 378 + 254 = ______

Completa la secuencia numérica.

3. 24, 34, ____, ____, ____, ____, ____ Regla: *n* ____

Usa la información de la gráfica circular para responder las preguntas. Rellena el círculo de la respuesta correcta.

Colores de las crayolas en la caja

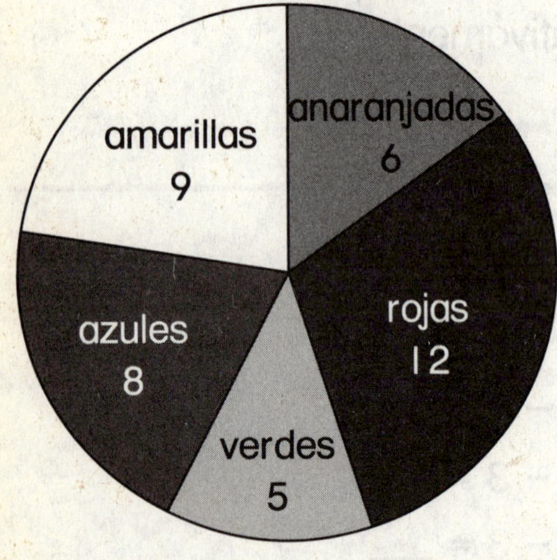

4. ¿Cuántas crayolas rojas más hay que anaranjadas?
   - ◯ 18
   - ◯ 7
   - ◯ 6
   - ◯ 5

5. Hay 1 crayola azul menos que crayolas ______.
   - ◯ anaranjadas
   - ◯ amarillas
   - ◯ verdes
   - ◯ rojas

6. Hay 7 crayolas rojas más que crayolas ______.
   - ◯ anaranjadas
   - ◯ amarillas
   - ◯ azules
   - ◯ verdes

7. Escribe en una hoja aparte un problema que se pueda resolver en dos pasos. Luego resuélvelo.

Nombre ______________________________

Haz la tarea

¿Tiene la figura un eje de simetría? Escribe *sí* o *no*.

Si la respuesta es sí, dibuja un eje de simetría.

1. 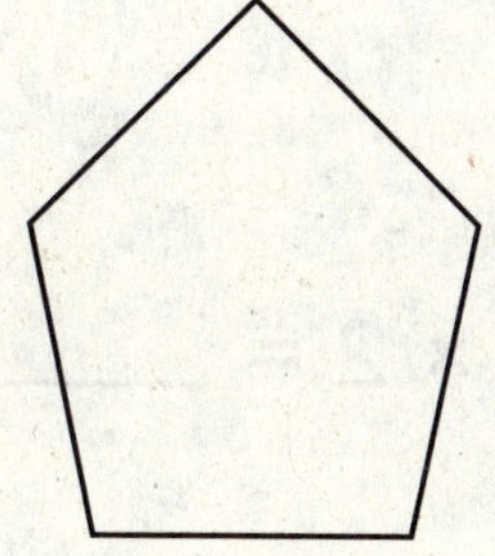

______

2. 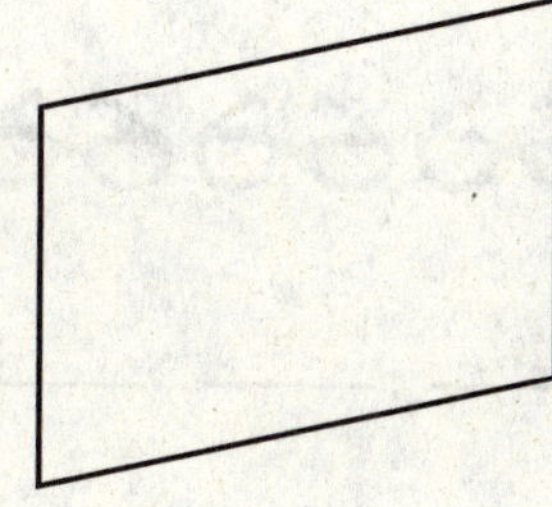

______

3. 

______

4. 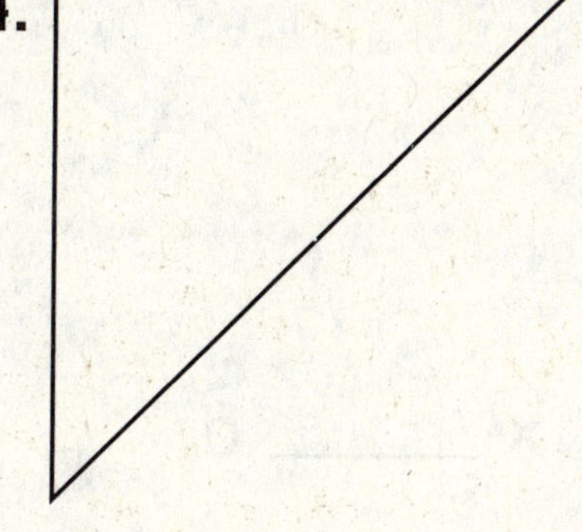

______

5. 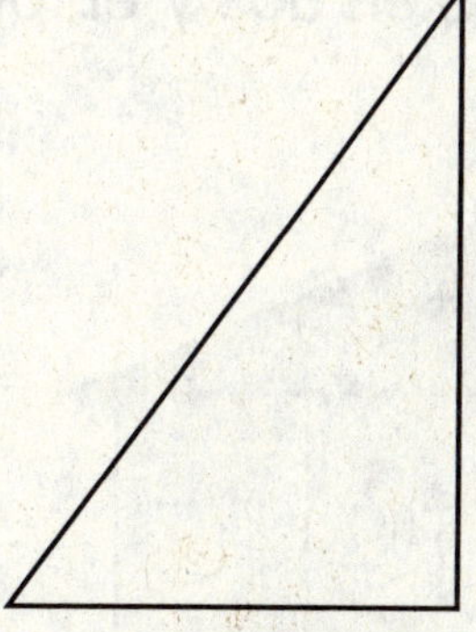

______

6. 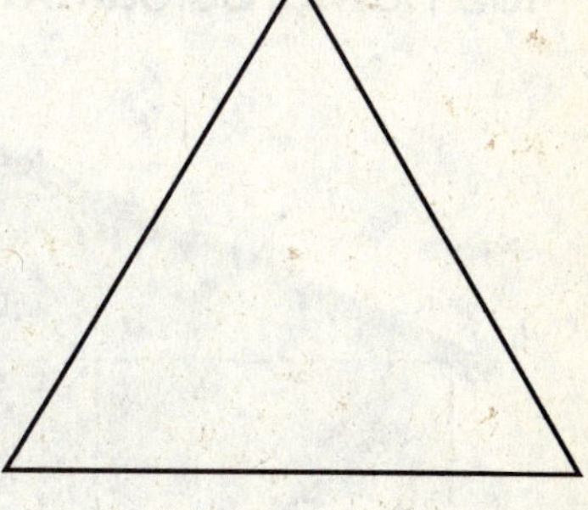

______

7. 

______

8. 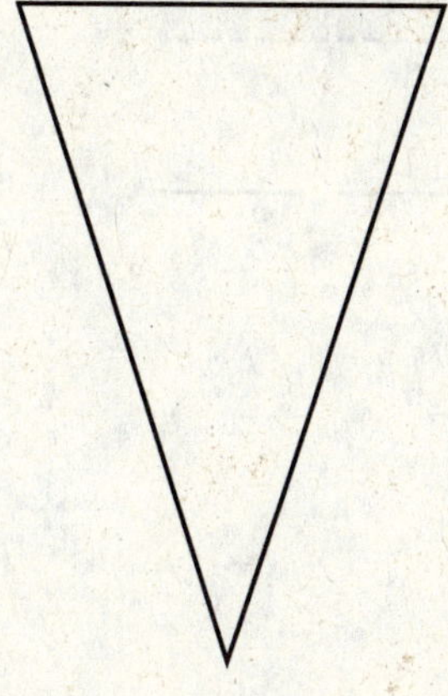

______

9. 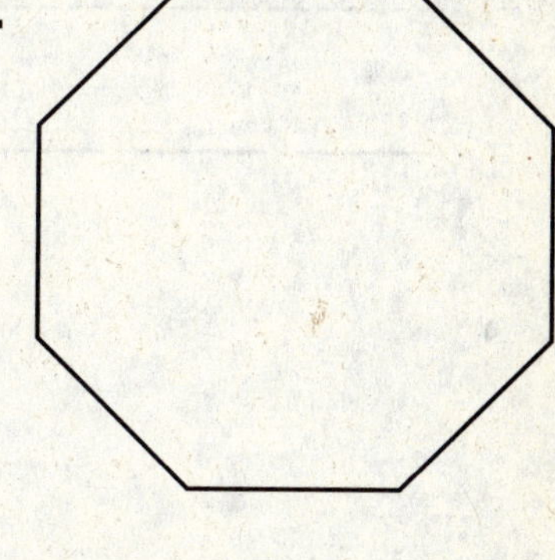

______

Nombre ______________________________

Practica

Resuelve los problemas.

1. ¿Cuántos lentes hay? Escribe los números salteados y el total.

____ ____ ____ ____ ____ ____ ____ $7 \times 2 =$ ______

2. ¿Cuántas gallinas hay en este gallinero? Escribe los números salteados de dos en dos y el total.

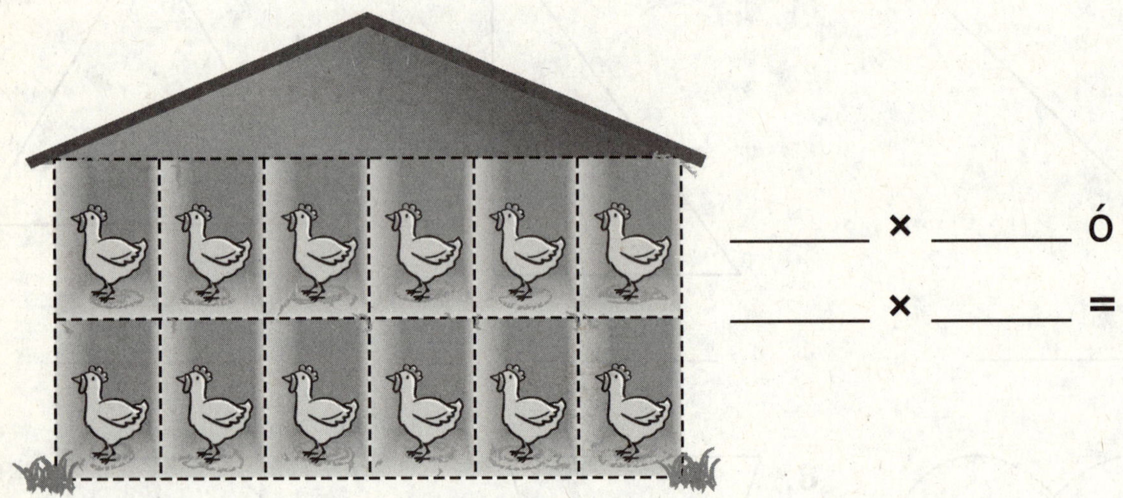

______ × ______ ó

______ × ______ = ______

____ ____ ____ ____ ____ ____

 Nombre ____________________

Haz la tarea

1. Sombrea la figura de acuerdo con la fracción.

$$\frac{1}{2}$$

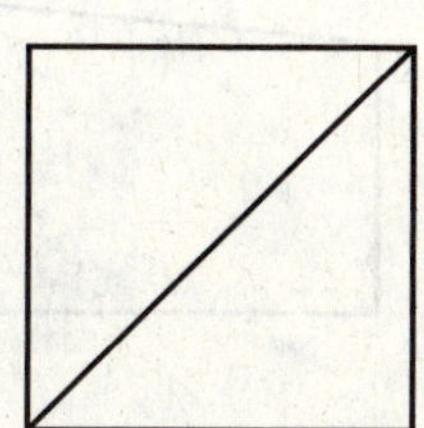

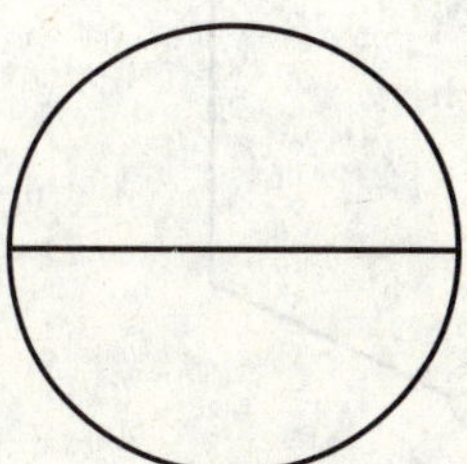

$$\frac{2}{3} = \frac{1}{3} + \frac{1}{3}$$

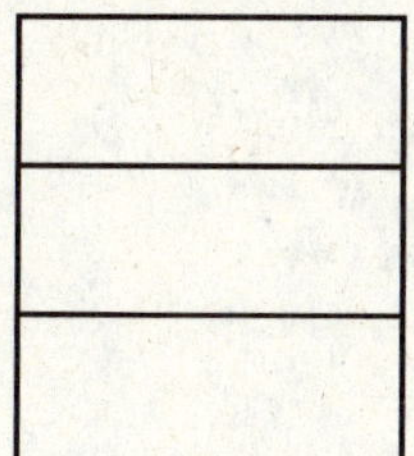
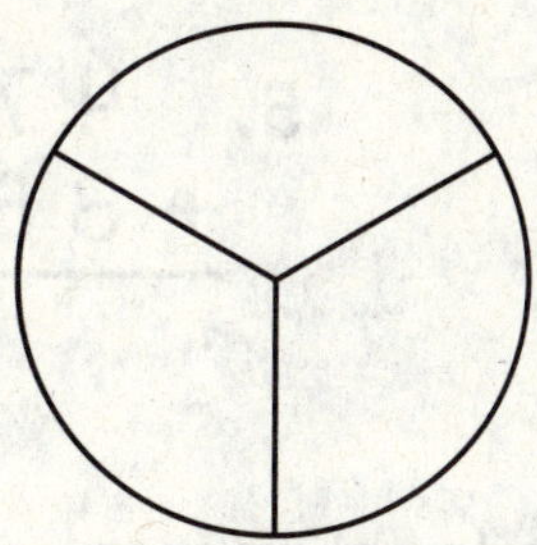
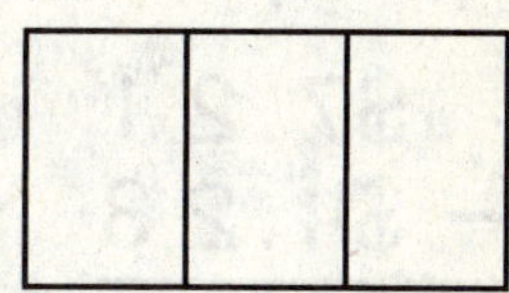

$$\frac{3}{4} = \frac{1}{4} + \frac{1}{4} + \frac{1}{4}$$

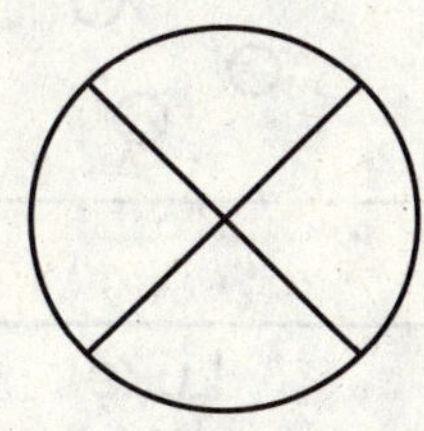
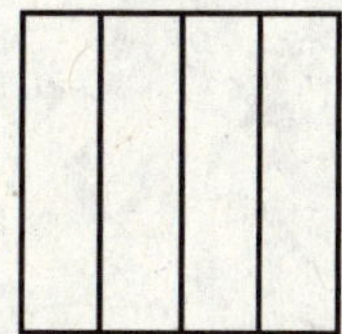
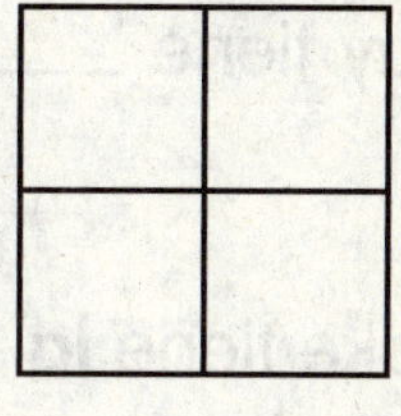

2. ¿Cuánto está sombreado? Escribe la fracción.

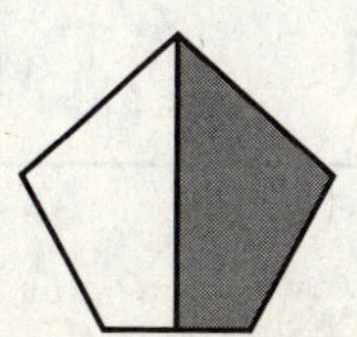 ____________

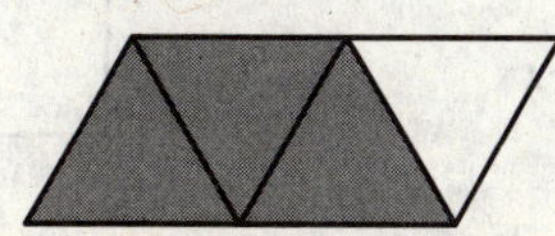 ____________

 Nombre ____________________

Recuerda

¿La figura es simétrica? Escribe *sí* o *no*.
Si la respuesta es sí, dibuja un eje de simetría.

1. 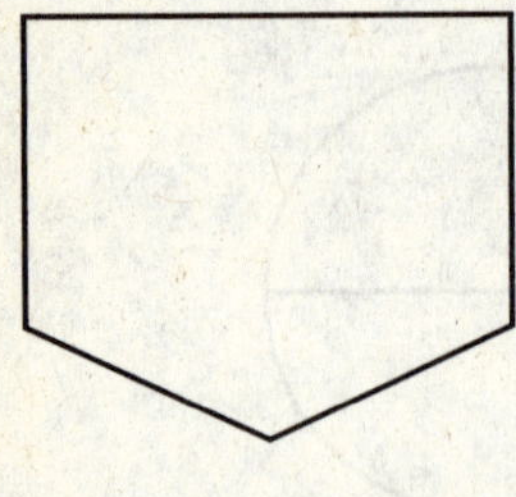

____

2. 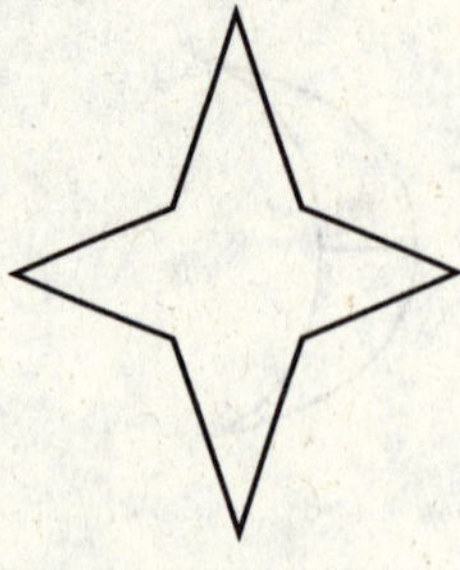

____

3. 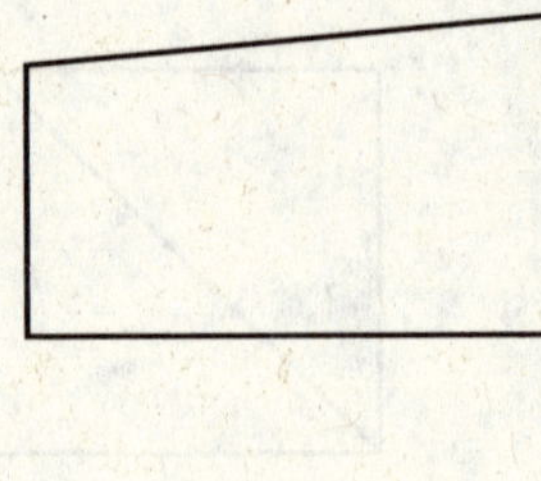

____

Suma o resta.

4. $7.21
− $4.23

5. 479
+ 386

Dibuja tus respuestas. Escribe los números.

6. Sara tiene **el doble** de globos que Ray.

Sara tiene ________.

Ray tiene ________.

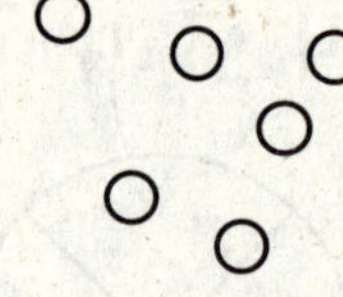

Sara

Ray

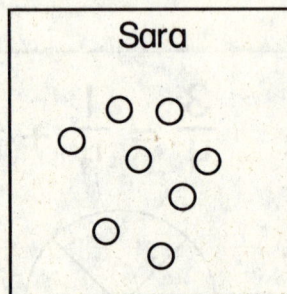

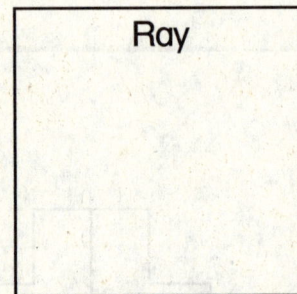

7. Luke tiene **la mitad** de fichas que Leda.

Luke tiene ________.

Leda tiene ________.

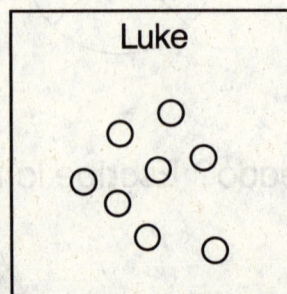

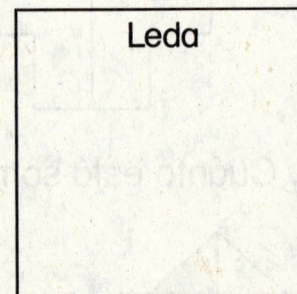

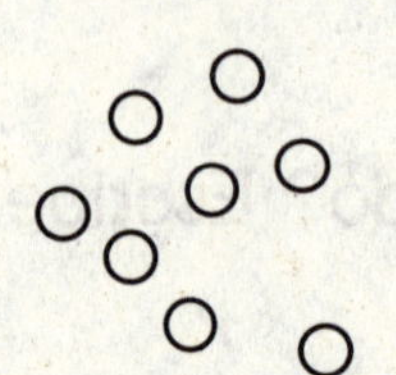

Luke

Leda

Haz la tarea

Compara las figuras sombreadas. Escribe >, < ó =.

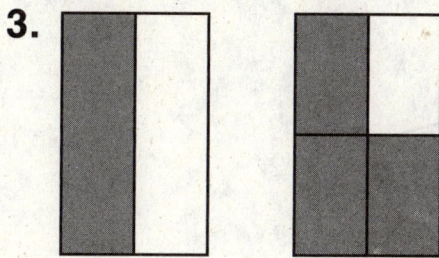

1.

$\frac{1}{3}$ ◯ $\frac{1}{4}$

2.

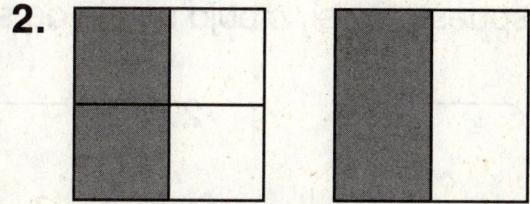

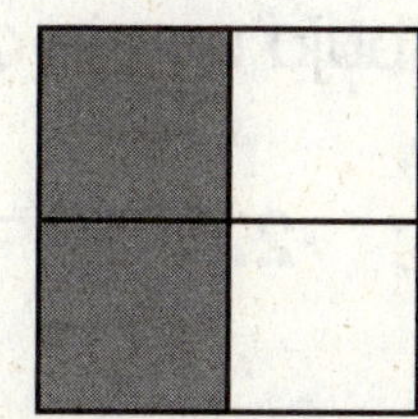

$\frac{2}{4}$ ◯ $\frac{1}{2}$

3.

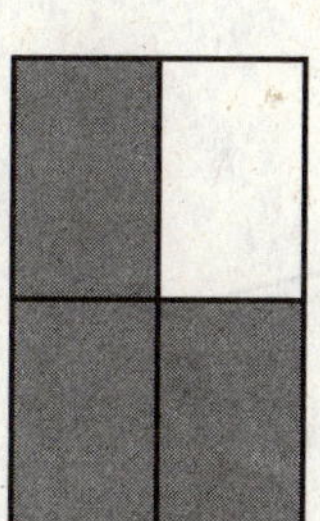

$\frac{1}{2}$ ◯ $\frac{3}{4}$

4.

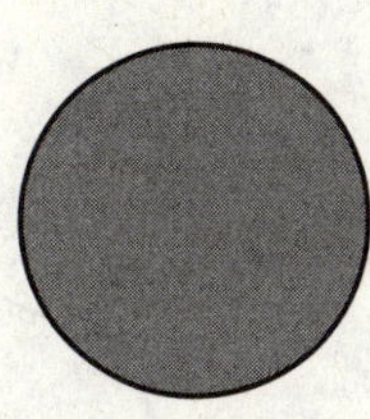

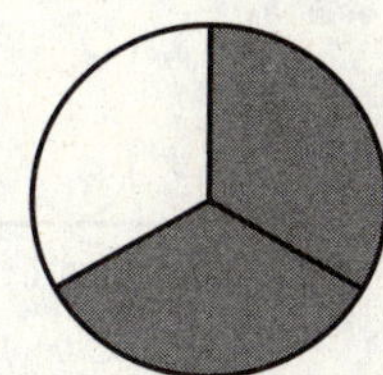

1 ◯ $\frac{2}{3}$

Completa la tabla.

	Cantidad de dinero	Número de centavos	Dólares y centavos	Fracción de dólar
5.	5 monedas de 10 centavos	______ ¢	$0.50	$\frac{5}{10}$
6.	2 monedas de 10 centavos	20¢	$0.______	$\frac{}{10}$
7.	42 monedas de 1 centavo	______ ¢	$0.42	$\frac{}{100}$
8.	3 monedas de 1 centavo	3¢	$____.______	$\frac{}{100}$

Nombre ____

Practica

¿La figura es simétrica? Escribe *sí* o *no*.
Si la respuesta es sí, dibuja un eje de simetría.

1.

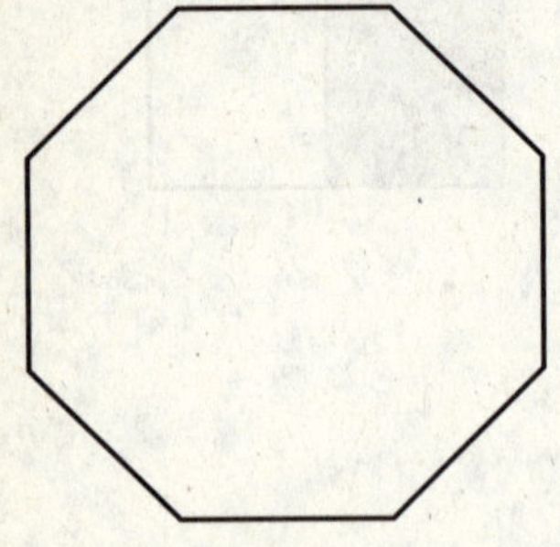

____

2.

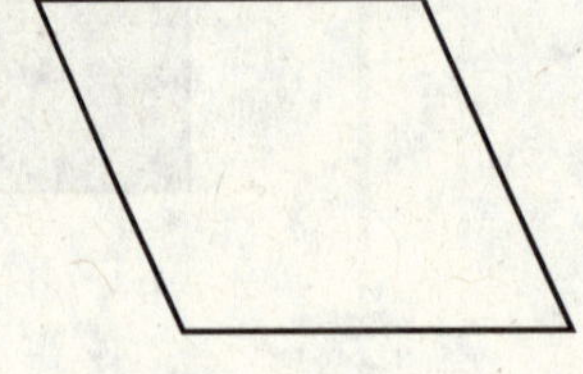

____

3.

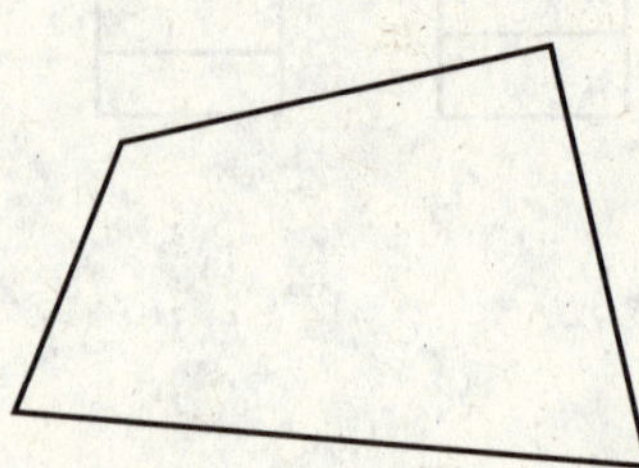

____

4.

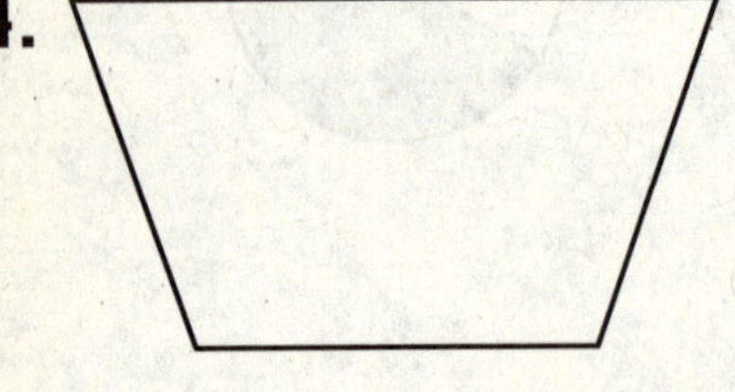

____

5.

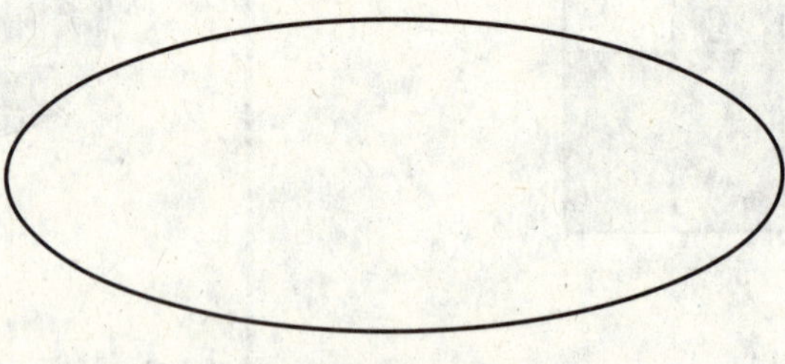

____

6.

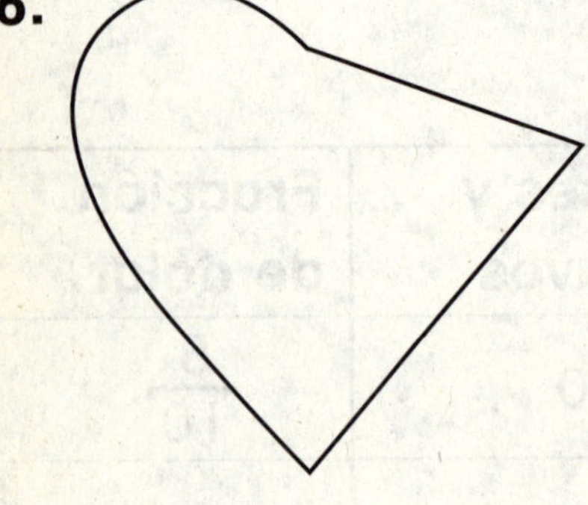

____

7.

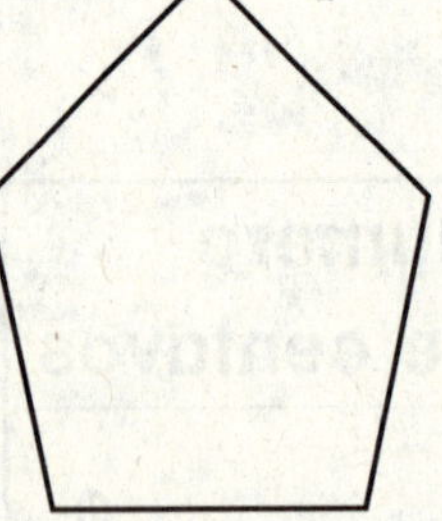

____

8.

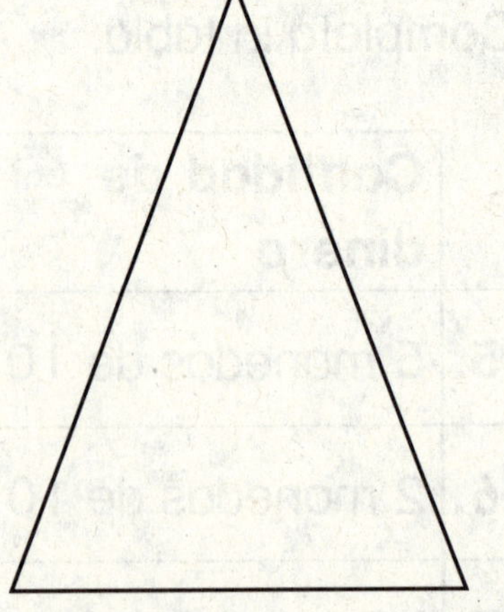

____

Nombre ______________________________

Haz la tarea

Mira la bolsa de cubos. Encierra en un círculo el suceso que corresponda.

1. ¿Qué suceso es seguro?

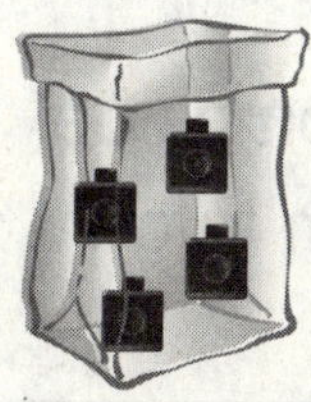

que saque un cubo negro

que saque un cubo blanco

2. ¿Qué suceso es imposible?

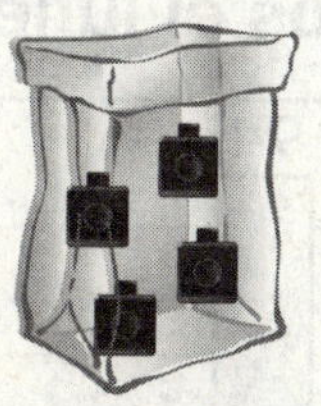

que saque un cubo negro

que saque un cubo blanco

Mira la bolsa de cubos. ¿Es más probable o menos probable que saques un  que un 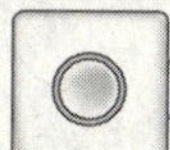 ?

3. 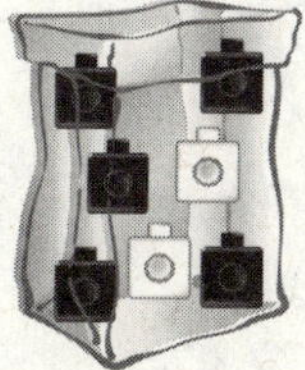

más probable

menos probable

4. 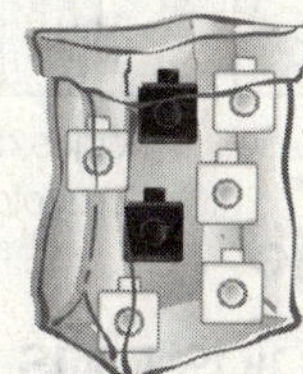

más probable

menos probable

Colorea las flechas giratorias para que los enunciados sean verdaderos.

5. Esta es una rueda justa.

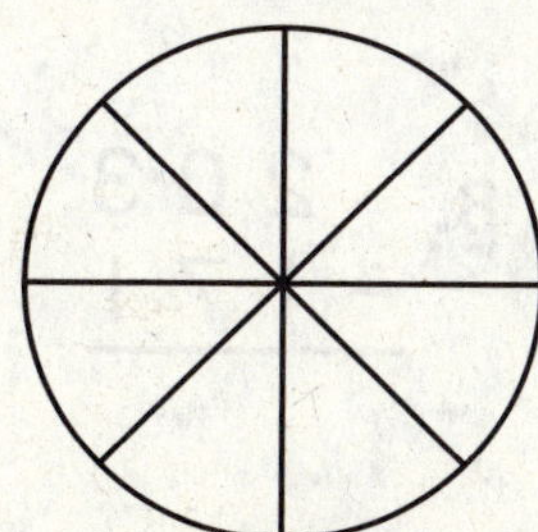

6. Esta es una rueda injusta.

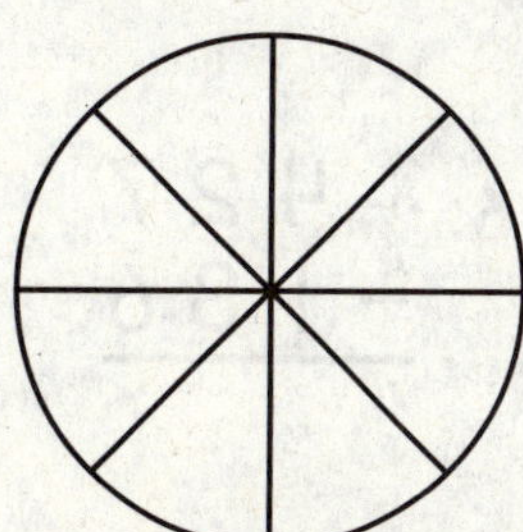

Nombre ______________________________

Recuerda

Usa la información de la gráfica de barras para responder las preguntas.

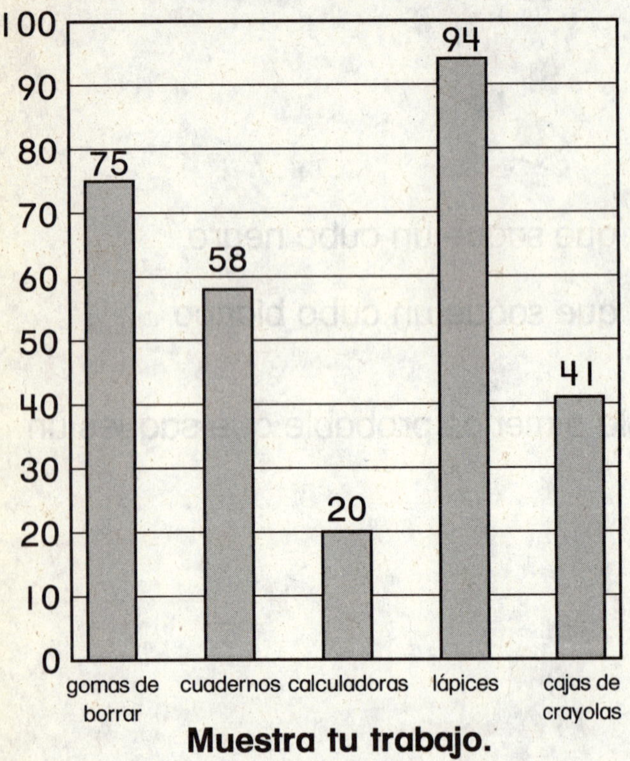

1. ¿Cuántos lápices y gomas de borrar se vendieron en total?

____

2. ¿Cuántos cuadernos menos que gomas de borrar se vendieron?

____

Muestra tu trabajo.

3. ¿Cuántas cajas de crayolas más que calculadoras se vendieron?

____

4. ¿Cuántos lápices menos necesitan venderse para igualar el número de cuardernos vendidos?

____

Resta.

5. $\begin{array}{r} 584 \\ -275 \\ \hline \end{array}$

6. $\begin{array}{r} 427 \\ -136 \\ \hline \end{array}$

7. $\begin{array}{r} 912 \\ -458 \\ \hline \end{array}$

8. $\begin{array}{r} 203 \\ -171 \\ \hline \end{array}$

9. **La hora** Dibuja en una hoja aparte lo que haces a las 12:00 p.m. Muestra la hora en un reloj digital.

13-12 Nombre

Haz la tarea

Haz una lista organizada para resolver los problemas.

Muesra tu trabajo.

1. Eli tiene una camisa azul y una camisa caqui. También tiene un pantalón negro y uno café. ¿Cuántas combinaciones diferentes de una camisa y un pantalón puede hacer?

☐ combinaciones diferentes

Color de camisa		Color de pantalón
azul	→	negro
azul	→	
caqui	→	

2. El señor Alvarez quiere poner lirios, rosas y tulipanes en un florero alto y en un florero bajo. ¿Cuántas combinaciones diferentes puede hacer con las flores y los floreros?

☐ combinaciones diferentes

Flores		Florero
lirios	→	alto
lirios	→	
rosas	→	

3. Blair empacó un par de botas y un par de zapatos para correr. También empacó una gorra de béisbol, un sombrero para el sol y un sombrero de vaquero. ¿Cuántas combinaciones diferentes de zapatos y sombrero puede hacer?

☐ combinaciones diferentes

Zapatos	Sombrero

Nombre ______________________________

Practica

1. Sombrea las figuras de acuerdo con las fracciones.

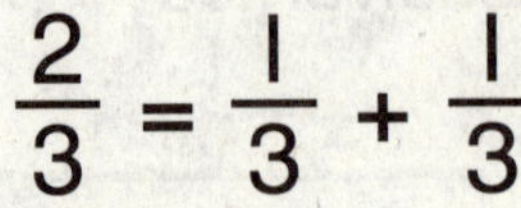

$$\frac{2}{3} = \frac{1}{3} + \frac{1}{3}$$

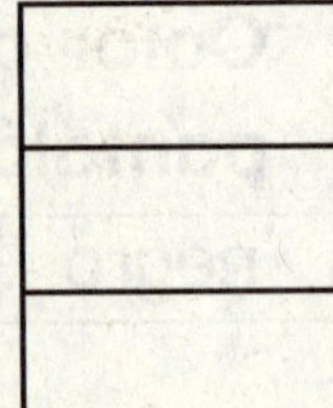

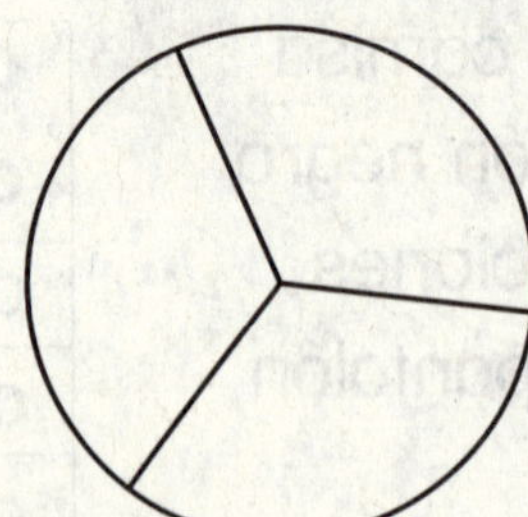

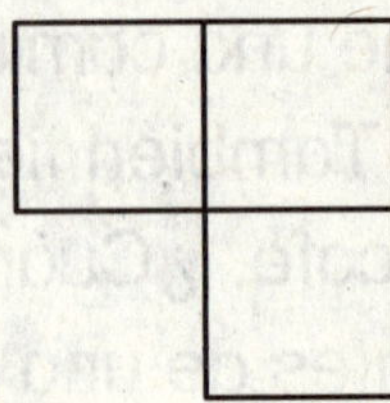

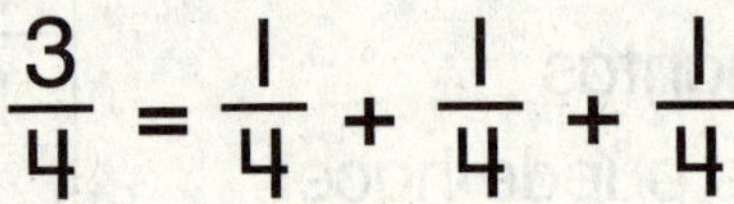

$$\frac{3}{4} = \frac{1}{4} + \frac{1}{4} + \frac{1}{4}$$

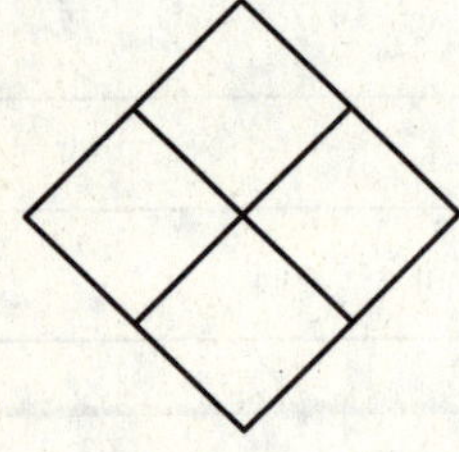

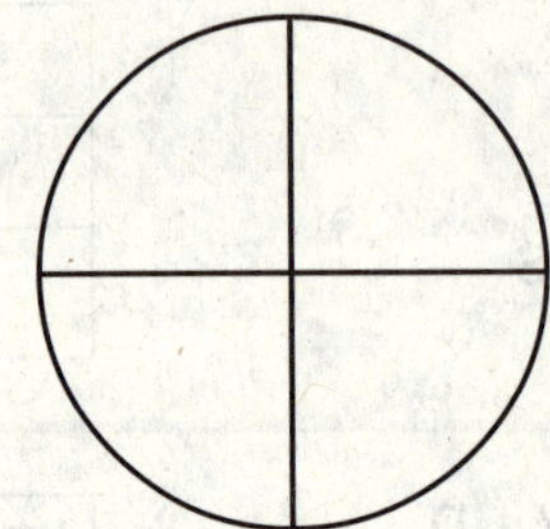

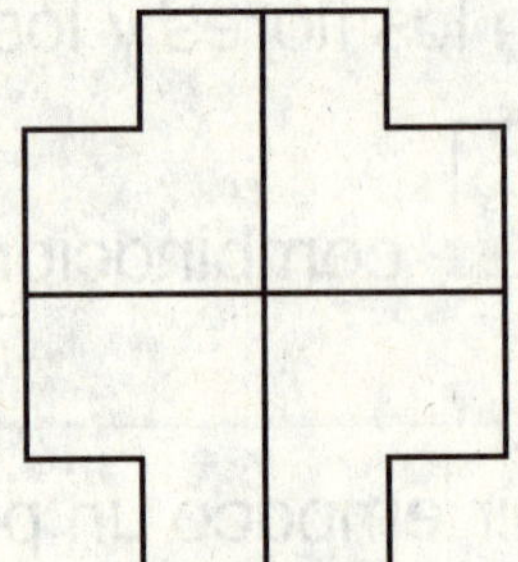

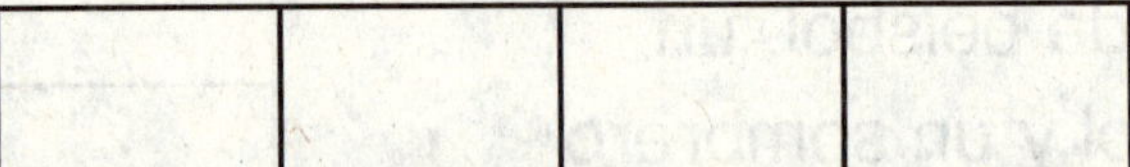

2. ¿Cuánto está sombreado? Escribe la fracción.

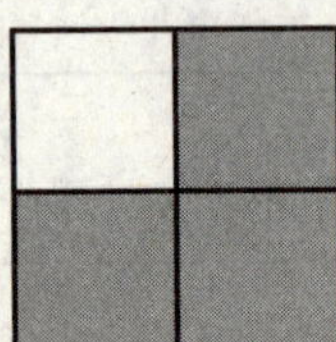

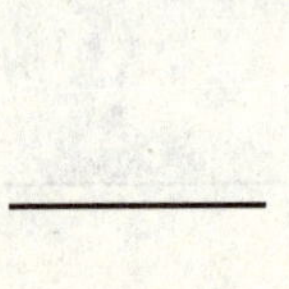

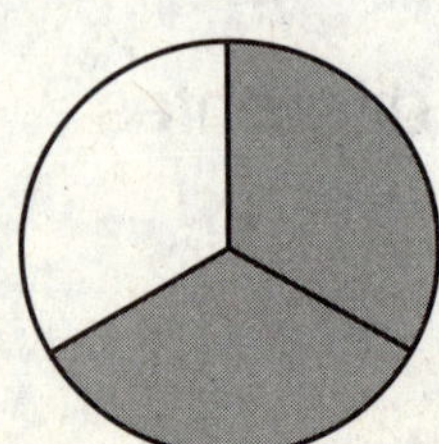

______

Resultados posibles

Nombre ______

Haz la tarea

1. Imagina que si la flecha giratoria cae en el gato ganas un premio.

1

2

3

¿Qué flecha giratoria prefieres? ¿Por qué?

______

______

2. Dibuja una flecha giratoria con 2 colores en la que sea dos veces más probable caer en rojo que en verde.

3. Dibuja una flecha giratoria con 3 colores en la que sea dos veces más probable caer en rojo que en verde.

4. Carol tiene $10. Soo Min tiene la mitad de la cantidad de dinero que tiene Carol. Pedro tiene 4 veces la cantidad de dinero que tiene Soo Min. ¿Cuánto dinero tiene Pedro? Explica.

______

______

______

5. Alberto tiene 4 naranjas. David tiene 3 veces la cantidad de naranjas de Alberto. Hana tiene la mitad del número de naranjas que tiene David. ¿Cuántas naranjas tiene Hana?

______

______

______

Nombre ____________________

Recuerda

¿La figura es simétrica? Escribe *sí* o no.
Si la respuesta es sí, dibuja un eje de simetría.

1. ____________

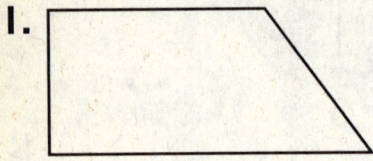

2. 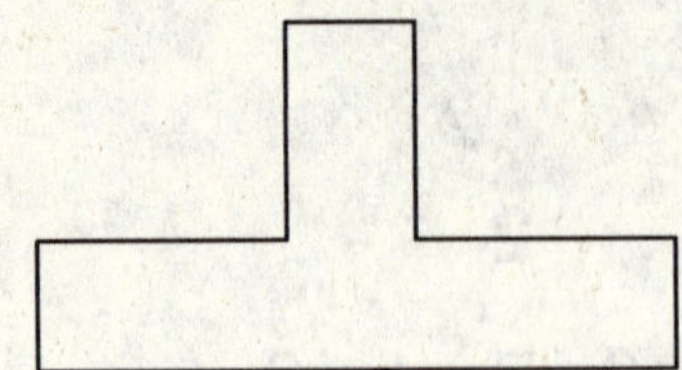

____

3. 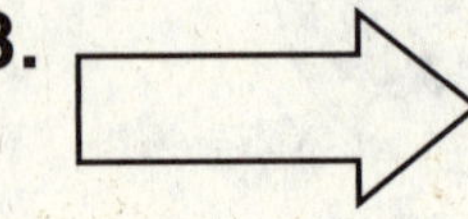

____

Resta.

4.

$$\begin{array}{r} 854 \\ -\ 149 \\ \hline \end{array} \qquad \begin{array}{r} 635 \\ -\ 282 \\ \hline \end{array} \qquad \begin{array}{r} 736 \\ -\ 479 \\ \hline \end{array} \qquad \begin{array}{r} 905 \\ -\ 534 \\ \hline \end{array}$$

Dibuja tus respuestas. Escribe los números.

5. Pablo tiene **el doble** del número de fichas que Mio.

Pablo tiene ________.

Mio tiene ________.

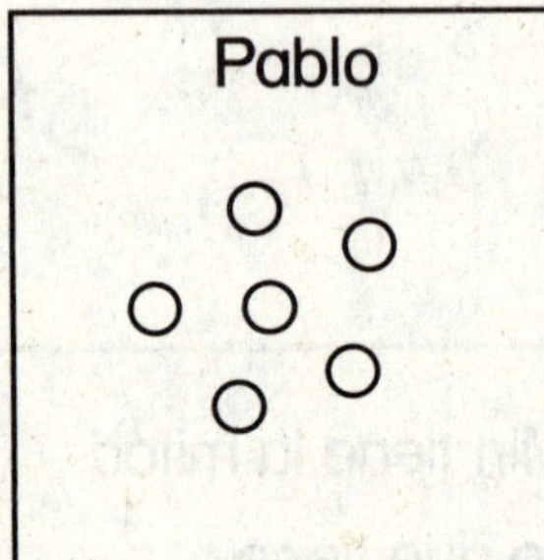

6. Jason tiene **la mitad** de fichas que tiene Lupe.

Jason tiene ________.

Lupe tiene ________.

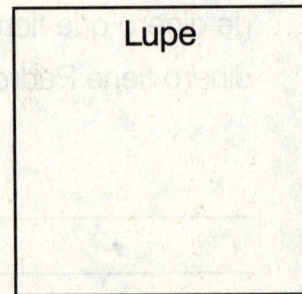

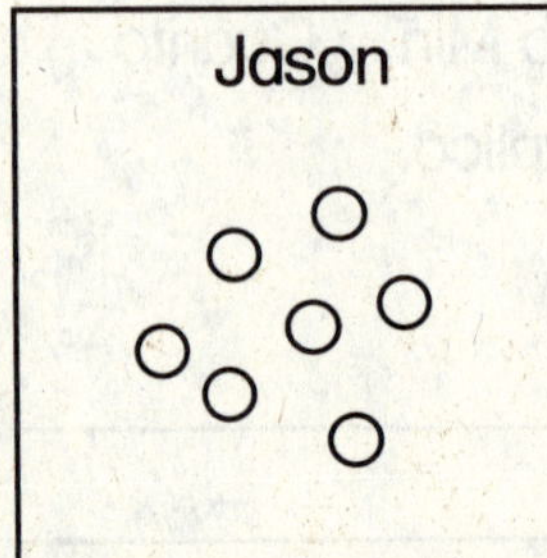

Lupe

14-1 Nombre ______________________________

Haz la tarea

1. Usa el ancho de tu mano para medir la longitud de tres objetos. Mide los mismo objetos usando el ancho de un dedo.

Objeto	Longitud (manos)	Longitud (dedos)

2. Halla tres recipientes. Usa objetos pequeños, como frijoles, o tazas de arroz o de agua para medir la capacidad de cada recipiente. Recuerda incluir las unidades en tus respuestas.

Recipiente	Capacidad

3. Busca tres objetos que tengan aproximadamente el mismo tamaño. Levanta los objetos, uno a la vez para comparar sus masas. Haz un lista de los objetos en orden del que tiene menor al que tiene mayor masa

____

____

____

4. **En la siguiente página** Describe las semejanzas entre medir la longitud y medir la capacidad.

Nombre

Nombre ______________________________

Haz la tarea

1. Busca en tu casa cinco objetos para medirlos en pulgadas. Estima y mide la longitud de cada objeto. Si es necesario, redondea las medidas. Completa la tabla.

Objeto	Longitud estimada (pulg)	Longitud medida (pulg)

2. Halla en tu casa cinco objetos para medirlos en pies o yardas. Completa la tabla. Recuerda incluir unidades en tus medidas.

Objeto	Longitud medida

3. Escribe el número correcto.

1 ft = ______ pulg   3 ft = ______ yd   1 yd = ______ pulg

2 yd = ______ ft   3 ft = ______ pulg   36 pulg = ______ ft

4. **En la siguiente página** Mide tu altura en pies. Mide la longitud de tu pierna y la longitud de tu brazo en pulgadas. Haz un dibujo de ti mismo. Escribe las medidas en tu dibujo.

Nombre

 Nombre ____________________

Haz la tarea

Encierra en un círculo el instrumento correcto para cada problema.

1. Paul quiere saber el ancho de una caja.

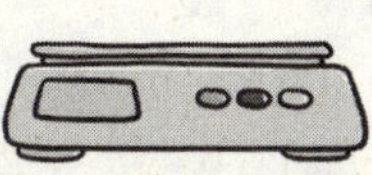

2. Ria quiere saber el peso de una manzana.

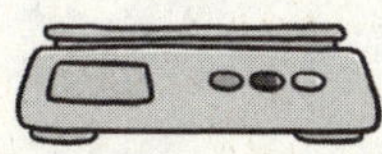

3. Dabbt quiere seguir una receta que necesita 1 taza de leche.

4. Pon los recipientes en orden, del que contiene más al que contiene menos.

______ ______ ______ ______

5. ¿Cuántas tazas son iguales a una pinta? ______

6. ¿Cuántas pintas son iguales a un cuarto? ______

7. ¿Cuántos cuartos son iguales a un galón? ______

8. **En la página siguiente** Dibuja 3 objetos cuyo peso se mida en onzas y 3 cuyo peso se mida en libras.

Nombre

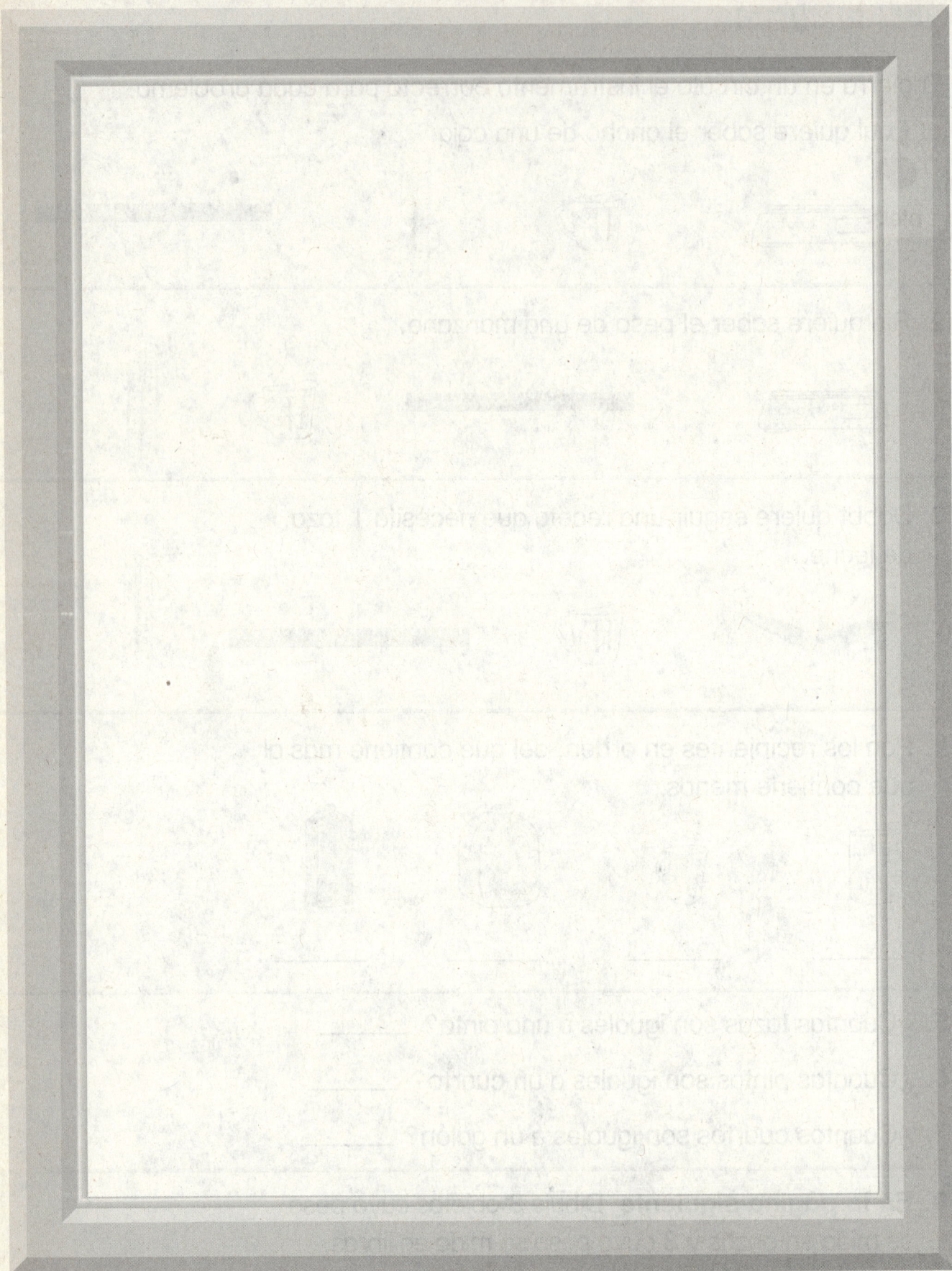

E-1 Nombre ______________________

Haz la tarea

Escribe el valor de cada grupo. Luego encierra en un círculo el de mayor valor.

1\.

______

______

2\.

______

______

3\.

______

______

Ordena los grupos de monedas de **menor** a **mayor**.

4\.

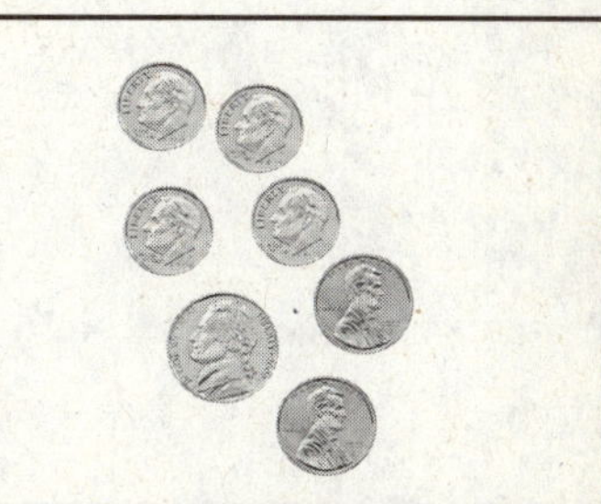

______ ______ ______

5\. **En la siguiente página** Dibuja 3 grupos de monedas. Ordénalos de mayor a menor.

E-1

Nombre

Haz la tarea

Nombre ____________________

Haz la tarea

Usa el Cartel de 120 de la página siguiente.
Cuenta salteado hacia adelante y hacia atrás.

1. Comienza en 0. Cuenta hacia adelante de 5 en 5.
Colorea cada casilla de amarillo.

2. Comienza en 100. Cuenta hacia atrás de 5 en 5.
Marca un punto azul en cada casilla.

3. Comienza en 0. Cuenta hacia adelante de 10 en 10.
Encierra en un círculo cada casilla.

4. Comienza en 100. Cuenta hacia atrás de 10 en 10.
Marca una equis en cada casilla.

5. Comienza en 15. Cuenta hacia adelante de 5 en 5.

15, _____, _____, _____, _____, _____, _____, _____, _____, _____

6. Comienza en 95. Cuenta hacia atrás de 5 en 5.

95, _____, _____, _____, _____, _____, _____, _____, _____, _____

7. Comienza en 8. Cuenta hacia adelante de 10 en 10.

8, _____, _____, _____, _____, _____, _____, _____, _____, _____

8. Comienza en 92. Cuenta hacia atrás de 10 en 10.

92, _____, _____, _____, _____, _____, _____, _____, _____, _____

Nombre ____________________

Haz la tarea

1	2	3	4	5	6	7	8	9	10
11	12	13	14	15	16	17	18	19	20
21	22	23	24	25	26	27	28	29	30
31	32	33	34	35	36	37	38	39	40
41	42	43	44	45	46	47	48	49	50
51	52	53	54	55	56	57	58	59	60
61	62	63	64	65	66	67	68	69	70
71	72	73	74	75	76	77	78	79	80
81	82	83	84	85	86	87	88	89	90
91	92	93	94	95	96	97	98	99	100
101	102	103	104	105	106	107	108	109	110
111	112	113	114	115	116	117	118	119	120

 Nombre ____________________

Haz la tarea

Usa la gráfica lineal para responder las preguntas.

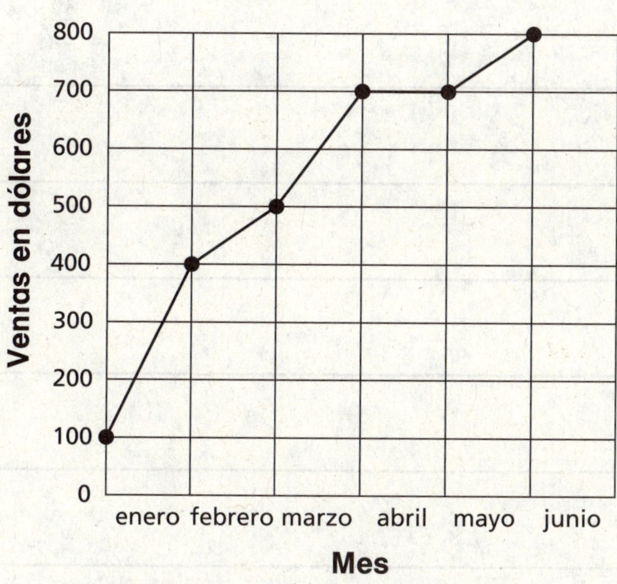

1. ¿Cuál es el título de la gráfica? ____________________

2. ¿Cuánto tiempo está representado en la gráfica? ____________________

3. ¿Qué cambio se produce a través del tiempo? ____________________

4. ¿Cuánto aumentaron las ventas entre enero y febrero? ____________________

5. ¿Cuánto aumentaron las ventas entre febrero y marzo? ____________________

6. ¿Entre qué dos meses se mantuvieron las ventas? ____________________

7. ¿Entre qué dos meses aumentaron más las ventas? ____________________

8. **En la página siguiente** Escribe y responde tus propias preguntas sobre la gráfica.

Nombre

Haz la tarea

Nombre ____________________

Haz la tarea

Usa figuras de 3 dimensiones o piensa cuáles usarías.

1. Nombra 2 maneras de hacer un árbol. Haz una lista con las figuras que usaste y su cantidad.

____

____

2. Nombra 2 maneras de hacer una casa. Haz una lista con las figuras que usaste y su cantidad.

____

____

Nombra la(s) figura(s) que puedes cortar para hacer las figuras nombradas.

3. 2 prismas rectangulares

____

4. 3 cilindros

____

5. 4 cubos

____

6. **En la siguiente página** Dibuja 3 figuras diferentes de 3 dimensiones. Dibuja una figura que puedas hacer combinando 3 figuras.

Nombre

Haz la tarea